U0727061

地理大千世界丛书

世界漫游

shijie manyou

策划　宝骏　建华

主编　文沫　赖童玲

邱玉玲参加编写

百花洲文艺出版社

BAIHUAZHOU LITERATURE AND ART PRESS

编写说明

　　本着激发地理求知兴趣、开拓地理视野、服务中学地理教学的宗旨，本套丛书从宇宙、大气、海洋、地表形态等方面对地理知识进行了多角度的阐述。丛书力求突出如下特色：内容生动活泼，选材主要来自日常生活、社会焦点和科学技术前沿；栏目新颖主富，设置了智慧导航、小风铃探究、眼镜爷爷来揭秘、智慧卡片等栏目；结构清晰严谨，每册丛书有一个主要课题，每个章节都对这个课题进行了诠释。

　　本套丛书对丰富学生地理知识、培养地理学习兴趣、树立正确的地理情感和观念有着积极的作用。它是中学地理教材的重要补充，是学生获得更多地理知识的重要来源。本套丛书注重知识的探究、发现、感悟和建构，对学生思维能力、分析操作能力的培养也是大有裨益的。

　　全套丛书共十册，由叶滢主编，其中《宇宙星神》由王雪琳、廖琰洁主编，邓春波参与了编写；《风云变幻》由徐强、兰常德主编，汪冬秀、肖强参加编写；《走进海洋》由刘林、肖强主编；《华夏览胜》由邓春波、彭友斌主编，廖琰洁参加编写；《世界漫游》由文沫、赖童玲主编，邱玉玲参加编写；《鬼斧神工》由汪冬秀、刘小文主编；《人地共生》由刘煜、徐小兰主编；《自然灾害》由胡祖芬、谢丽华主编；《学以致用》由谭礼、罗奕奕主编；《千奇百怪》由杨晓奇、邱玉玲主编。全套丛书由叶滢负责统稿定稿，廖琰洁、邱玉玲、徐小兰、肖强也参加了统稿工作。

在本书的编写过程中参考和引用了一些学者、教师的研究成果及相关资料，限于篇幅不能一一列举，在此一并表示诚挚的感谢！

这套丛书的出版，希望能得到广大中学生读者的喜爱。地理知识是博大精深的，也是不断与时俱进的。限于我们的水平和时间，这套丛书中难免会有不尽如人意之处。我们诚恳地希望大家提出宝贵意见，以便日后修改，不断完善。

丛书编写组
2012年7月

目录
mulu

第一章　趣味识世界

智慧导航

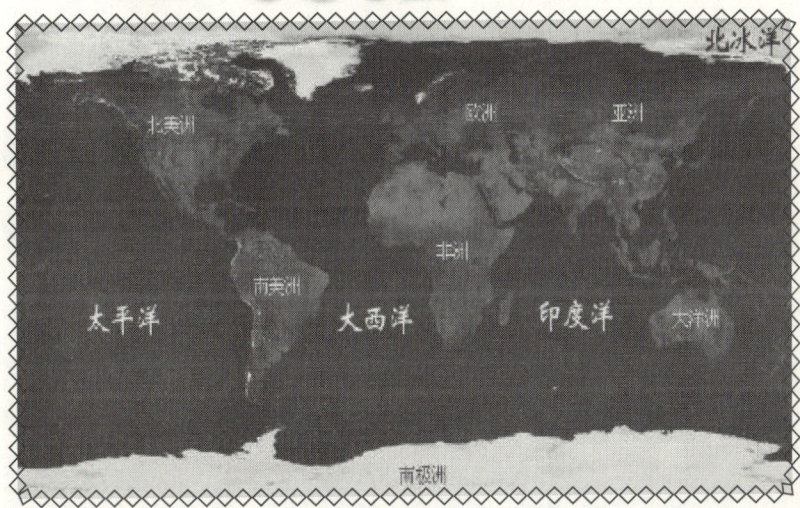

在我们成长的过程中，每个人都可能问过这样一个问题："如果我们顺着脚下的方向往前走，我们会走到哪里呢？"

由于古代人类社会交通的不便，生活在不同地方的人并不知道已知世界以外到底是什么样子，直到新航路的开辟，哥伦布发现了美洲大陆，麦哲伦船队对全世界进行了全球航行，人类才慢慢认识了世界的面目。

一、亚洲

亚洲的全称是亚细亚洲，意思是"东方日出之地"。亚洲位于东半球的东北部，东濒太平洋，南临印度洋，北濒北冰洋，西达大西洋的属海地中海和黑海。

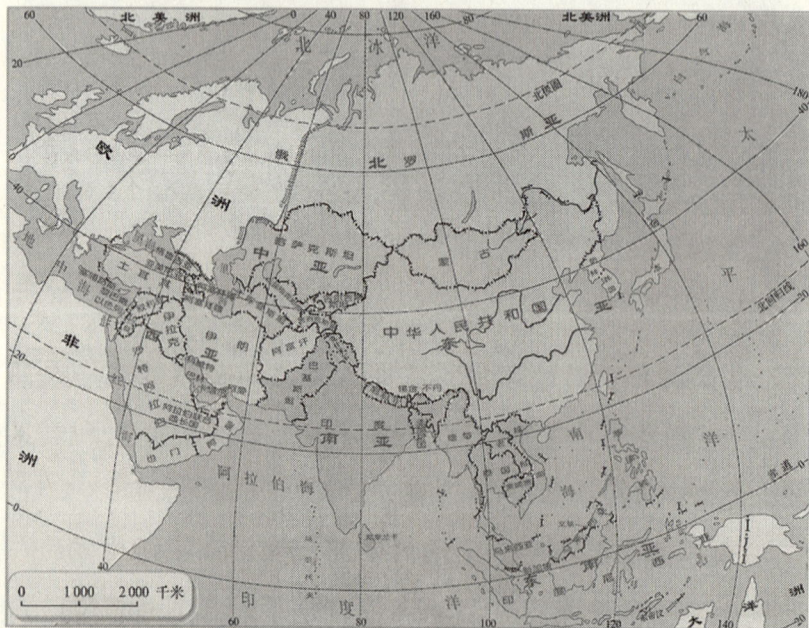

布诺带你看世界

漂浮在死海上的人们正沐浴着阳光

位于亚洲西部的死海，湖面低于海平面415米，是世界陆地最低点。由于湖水含盐量过大，水中只有细菌和绿藻，没有其他生物；岸边及周围地区也没有花草生长，故人们称之为"死海"。死海浮力特别大，游泳者极易浮起，人们可以躺在死海上晒太阳。

左图为位于亚洲北部的西伯利亚平原，在俄罗斯境内，是亚洲最大的平原。大部分地区为亚寒带针叶林所覆盖。

西伯利亚平原

马来群岛上的热带水果

印度拥挤的火车

水稻

左图为位于亚洲南部的马来群岛，也叫南洋群岛，是世界上最大的岛群，由印尼17000多个岛屿和菲律宾约7000个岛屿组成，每年7月到11月西南太平洋生成台风达20余次。

印度是世界第二大的人口大国，2011年已达12.1亿人。

水稻原产亚洲热带，在中国广为栽种后，逐渐传播到世界各地。我国科学家袁隆平对杂交水稻的研究作出了巨大贡献，被誉为"杂交水稻之父"。水稻所结稻粒去壳后称大米或米。世界上近一半人口都以大米为食。大米的食用方法多种多样，有米饭、米粥、米饼、米糕、米线等。

眼镜爷爷来揭秘

亚洲面积4400万平方公里，约占世界陆地总面积的29.4%，是世界上最大的一洲。亚洲大陆与欧洲大陆毗连，形成全球最大的陆块——亚欧大陆。

亚洲地形的总特点是地势高、地表起伏大，中间高、周围低，隆起与凹陷相间，东部有一列纵长的花彩状岛弧。山地、高原和丘陵约占总面积的3/4，平原占总面积的1/4。

亚洲的大部分河流都源于中部高山地带，呈放射状向四面奔流，比如黄河、长江、印度河、恒河、叶尼塞河等。

亚洲地跨寒、温、热三带，受地形、纬度、海陆等影响，使亚洲气候具有复杂多样的特点。除温带海洋性气候及热带草原气候外，世界上的各种气候在亚洲都有分布。东亚东部沿海是湿润的温带和亚热带季风区，东南亚和南亚是湿润的热带季风区，中亚、西亚和东亚内陆为干旱地区。

亚洲资源丰富，主要产油国家都位于亚洲，包括海湾国家沙特阿拉伯、阿拉伯联合酋长国、伊拉克、科威特、也门和伊朗。中国和俄罗斯的亚洲部分是世界上煤蕴藏量最高的地区。东南亚是世界硬质木材的主要供应地，也是旅游资源丰富的地区。世界钻石产区除了南非以外，就只有印度和俄罗斯的亚洲部分是重要的产区。

亚洲在地理上习惯被分为：东亚、东南亚、南亚、西亚、中亚、北亚。亚洲是世界上人口最多、最稠密的大洲，2000年总人口达36.72亿，约占世界总人口的60%，平均每平方公里就有80人。

亚洲大部分国家在第二次世界大战以后逐渐独立，经济也处于十分落后的局面。但在20世纪后半叶，亚洲是这些原殖民地中最先崛起的地方。日本首先跻身于世界列强之中，然后是亚洲"四小龙"的起飞即韩国、中国台湾、中国香港和新加坡，现在中国和印度经济的飞速发展使亚洲成为世界注目的地方。

露一手

说一个你所熟悉的亚洲国家，并在地图上找找它的位置。

二、欧洲

欧洲西临大西洋，北靠北冰洋，南隔地中海和直布罗陀海峡与非洲大陆相望，东与亚洲大陆相连。欧洲是欧罗巴洲的简称，意思是"西方日落的地方"。

布诺带你看世界

阿尔卑斯山脉

位于欧洲中南部的阿尔卑斯山脉，覆盖了意大利北部边界，法国东南部，瑞士，列支敦士登，奥地利，德国南部及斯洛文尼亚。它是欧洲最大的山地冰川中心，山区覆盖着厚达1公里的冰

神奇的极光

地平线上的太阳

蓝色多瑙河

盖。山地冰川呈现一派极地风光，是登山、滑雪、旅游胜地。每年春天积雪开始融化，百花齐放的草地、山间的清泉成了健行者的天堂，是登山的好去处。

挪威的北部位于北极圈内，夜晚可以欣赏到神奇的极光，还会出现24小时内太阳都在地平线上的现象。

多瑙河在欧洲仅次于伏尔加河，是欧洲第二长河。

欧式大餐

兰博基尼跑车

它发源于德国西南部的黑林山的东坡，自西向东流经奥地利、斯洛伐克、匈牙利等九个国家，最后注入黑海，是世界上干流流经国家最多的河流。

温和湿润的欧洲西部畜牧业非常发达，畜牧业以饲养猪、牛、绵羊为主。欧洲人嗜好吃肉，无论是法国的牛排，意大利的肉丸子，德国的香肠，英国的咸肉，还是各类动物蛋白的产品：奶酪、黄油、牛奶、鸡蛋……若是再配上法国葡萄酒、德国啤酒、俄国伏特加……那就是典型的欧式大餐了。

兰博基尼，英国的阿斯顿·马丁、宾利、路虎、劳斯莱斯等，法国的布加迪、雪铁龙等，荷兰的世爵，西班牙的特拉蒙塔纳等都是世界有名的汽车品牌。

德国足球队三次获得世界杯冠军

欧洲的体育水平很高，足球中的德国、西班牙、荷兰、法国、意大利、英格兰、葡萄牙，捷克等；篮球中的德国、法国、希腊、意大利、西班牙、立陶宛等；排球中的意大利、俄罗斯等都是世界强队。

眼镜爷爷来揭秘

欧洲是世界上第二小的洲，其与亚洲合称为亚欧大陆。

欧洲位于中纬度地区，海洋是影响气候的主要原因。欧洲气候温和、降雨丰富、相对湿度高并且多云。阿尔卑斯山南面山区为地中海气候，冬季多雨，夏季则干旱。

欧洲有50个国家和地区，在地理上习惯分为北欧、南欧、西欧、中欧和东欧五个地区。欧洲居民中的99%属白种人，种族构成比较单一。

欧洲经济发展水平居各大洲之首，工业、交通运输、商业贸易、金融保险等在世界经济中占重要地位。在科学技术的若干领域内也处于世界较领先地位。西欧工业发展程度较高的国家主要为德国、法国、英国，其次为比利时、荷兰和瑞士等。德国、法国和英国的工业生产在世界工业生产中均居前列。

欧洲农业为次要生产部门，以农牧结合和集约化水平高为重要特点。主要种植麦类、玉米、马铃薯、蔬菜、瓜果、甜菜、向日葵、亚麻等，小麦产量约占世界总产量的50%，大麦、燕麦约占60%以上。园艺业发达，主产葡萄和苹果。畜牧业以饲养猪、牛、绵羊为主。

考考你

你知道2012年奥运会在哪个国家举办吗？

三、非洲

非洲位于地球东半球西部，欧洲之南，亚洲以西，地跨赤道南北。非洲的全称是阿非利加洲，意思是"阳光灼热的地方"。

布诺带你看世界

位于非洲北部的撒哈拉沙漠是世界上最大的沙漠，位于非洲北部，是地球上最不适合生物生长的地方之一。撒哈拉沙漠气候炎热干燥，地广人稀，平均每平方公里不足1人。

非洲的热带稀树草原区以野生动物品种及数量繁多而闻名，可能没有其他动物群能比得上食肉目动物更能被非

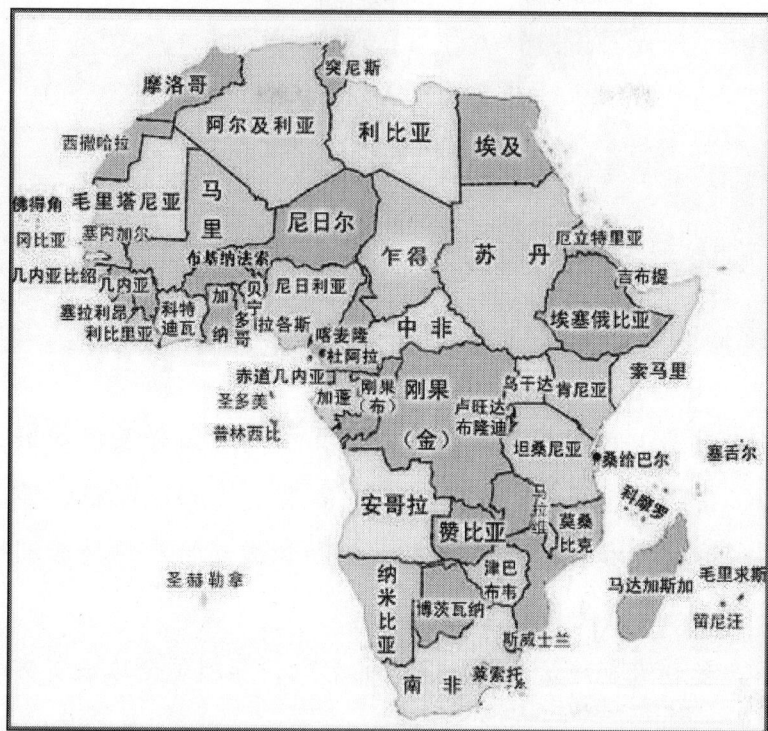

非洲地图

撒哈拉沙漠

幼小的猎豹

长颈鹿

洲认同了，它们约有60余种。除了著名的大猫类诸如狮、豹、猎豹外，还有野狗、鬣狗、薮猫、野猫、胡狼、狐、鼬、灵猫类和獴。这些食肉动物和食腐动物对维持非洲地区的生态平衡是至关重要的。

受到专制统治和殖民主义的影响，非洲是全球最贫穷的

贫困的非洲居民

位于非洲南端的南非

大洲, 非洲贫困地区的房屋大都用土墙垒成、屋顶搭上茅草建造的。

南非位于非洲大陆的最南端, 是非洲最大经济体和最具影响力的国家之一, 其国内生产总值约占撒哈拉以南非洲国家经济总量的三分之一, 南非在2010年加入金砖国家, 进一步与巴西、俄罗斯、印度、中国加强合作贸易交流。

眼镜爷爷来揭秘

非洲面积约3020万平方公里, 约占世界陆地总面积的

20.2%，仅次于亚洲，为世界第二大洲。

非洲的地形以高原为主，因高原面积广大而被称为"高原大陆"，东南部从北向南有埃塞俄比亚高原、东非高原和南非高原。

非洲全洲年平均气温在20°C以上的地方约占全洲面积的95%，其中一半以上的地区终年炎热，有将近一半的地区有着炎热的暖季和温暖的凉季。

长期的殖民主义，使非洲成为世界上经济发展水平最低的一个洲。农业是非洲经济的重要部门。粮食作物中玉米的种植面积最广，是农村居民的主食；小麦和稻米的产量不能自给，需要大量进口。供出口的经济作物主要有咖啡、可可、花生、棉花和剑麻等。黄金、金刚石、铁、锰、磷灰石、铝土矿、铜、铀、锡、石油等的产量都在世界上占有重要地位。

智慧卡片

索马里半岛

位于非洲大陆最东部的索马里半岛，拥有非洲最长的海岸线。索马里的地理位置居于地中海与印度洋的亚丁湾之南，是各国货轮出入苏伊士运河的必经海路。

由于索马里内战不断，教育、社会体系已崩溃多年，当地人民自20世纪以来即以海盗为业。该国海盗每年勒索各国商船，金额难以估计，以致联合国对索国海盗基地展开调查和打击。

**2010年1月1日
索马里海盗在亚丁湾劫持一艘印尼货轮**

船上船员
包括17名印度尼西亚人、5名华人、1名越南人及1名尼日利亚人

悬挂新加坡国旗
长150米 吃水2万吨

前往印度

为印尼货船·载有化学品

该船航行在亚丁湾时，遭索马里海盗武力威逼，转向驶往索马里海岸

红海
亚丁湾
索马里

四、北美洲

北亚美利加洲，简称北美洲，位于西半球北部，东濒大西洋，西临太平洋，北濒北冰洋，南以巴拿马运河为界与南美洲相分。

布诺带你看世界

在加拿大和美国交界处，有五个大湖，这就是闻名世界的五大淡水湖。它们按大小分别为苏必利尔湖、休伦

北美洲

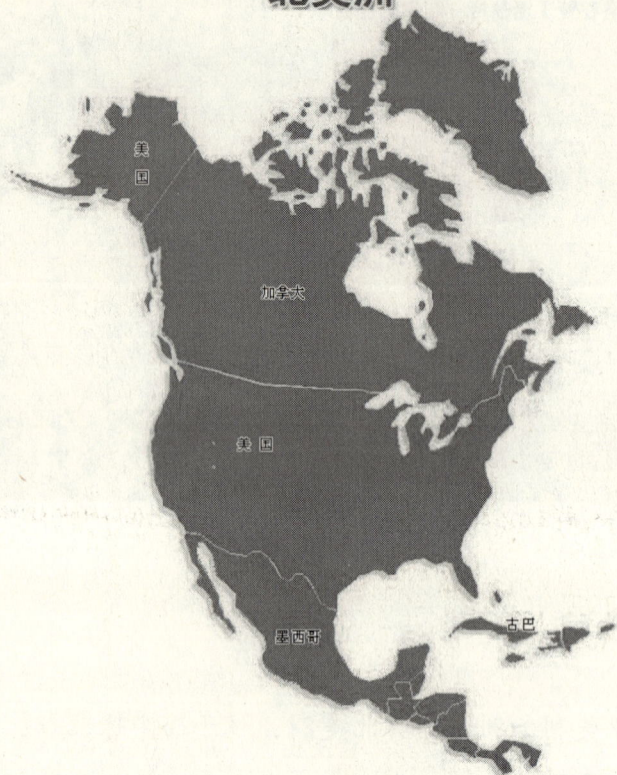

湖、密歇根湖、伊利湖和安大略湖。为人们所不能理解的是，一块陆地竟会有如此大的淡水湖群，船舶驶出后，看不见岸，可以一直航行一天以上，甚至会在汹涌的波浪中沉没，这种事情时有发生。

尼亚加拉瀑布位于加拿大安大略省和美国纽约州的交界处，是美洲大陆最著名的奇景之一。尼亚加拉瀑布一直吸引人们到此度蜜月、走钢索横越瀑布或者坐木桶漂游瀑布。

尼亚加拉瀑布

"尼亚加拉"在印第安语中意为"雷神之水"，实际上是他们在见到瀑布之前，就听到酷似持续不断打雷的声音。

落基山脉是美洲科迪勒拉山系在北美的主干，由许多小山脉组成，被称为北美洲的"脊骨"，从阿拉斯加到墨西哥，南北纵贯4500多公里，广袤而缺乏植被。这里有终年积雪的山峰、茂密的针叶森林、宽广的山谷、清澈的溪流、开阔的天空和丰富的矿藏资源，每年更有数百万人到此旅行游览。

奇琴伊察是古玛雅城市遗址，位于墨西哥尤卡坦州南部。南北长3公里，东西宽2公里，有建筑物数百座，是古玛

苏必利尔湖

美丽的落基山

玛雅城古迹

雅文化和托尔特克文化的遗址。"奇琴"意为"井口",天然井为建城的基础。南侧老奇琴伊察建于公元7至10世纪,具玛雅文化特色,有金字塔神庙、柱厅殿堂、球场、市场和天文观象台,以石雕刻装饰为主;北侧新奇琴伊察为灰色建筑物,具托尔特克文化特色,有库库尔坎金字塔、勇士庙等,以朴素的线条装饰和羽蛇神灰泥雕刻为主。

　　拉斯维加斯是美国内华达州的最大城市,以赌博业为中心的庞大的旅游、购物、度假产业而著名,世界上十家最大的度假旅馆就有九家是在这里,是世界知名的度假胜地之一,拥有"世界娱乐之都"和"结婚之都"的美称。每年来拉斯维加斯旅游的3890万旅客中,来购物和享受美食的占了大多数,专程来赌博的只占少数。内华达州这个曾

赌城拉斯维加斯

经被人讽刺为"罪恶之城"的赌城，已经逐步成熟，成为一个真正的城市了。

拥挤的墨西哥城

墨西哥的国花仙人掌

仙人掌是墨西哥的国花，这里有高达17米、重几十吨的世界上最大的仙人掌。墨西哥生产白银，有"白银之国"之称。首都墨西哥城位于墨西哥高原2000米的山间盆地上，1800多万人口，是世界第四大人口城市，集中了全国约1/2的工业、商业、服务业和银行金融机构，是全国的政治、经济、文化和交通中心。

眼镜爷爷来揭秘

北美洲面积2422.8万平方公里，约占世界陆地总面积的16.2%，是世界第三大洲。

大陆地形的基本特征是南北走向的山脉分布于东西两侧与海岸平行，大平原分布于中部。密西西比河是北美洲最大的河流，按长度为世界第四大河。

北美洲地跨热带、温带、寒带，气候复杂多样。由于所有的山脉都是南北或近似南北走向，故从太平洋来的湿润空气仅达西部沿海地区；从北冰洋来的冷空气可以经过中部平原南下；从热带大西洋吹来的湿润空气也可以经过中部平原深入到北部，故北美洲的气候很不稳定，冬季有时寒冷，有时温暖，墨西哥湾沿岸的亚热带地区，冬季也会发生严寒和下雪的现象。

全洲人口分布很不平衡，绝大部分人口分布在东南部和西南部沿岸地区。面积广大的北部地区和美国西部内陆地区人口稀少，有的地方甚至无人居住。

美国和加拿大是工业基础雄厚的发达国家，科学技术先进，农业也极为发达，农业生产机械化程度很高。北美洲其他国家除墨西哥外，多为单一经济国家。中部平原是世界著名的农业区之一，农作物以玉米、小麦、棉花、大豆、烟草为主。中美洲和加勒比海诸国主要产甘蔗、香蕉、咖啡、可可等热带农作物。

露一手

在地图上找找美国的领土在哪里。

五、南美洲

南美洲

南美洲位于南半球，西临南太平洋，东临是大西洋，北面则是加勒比海。

　　亚马逊河是世界流量最大的、流域面积最大的、支流最多的河流，长度位居世界第二。亚马逊河流量达每秒219000立方米，流量比其他三条大河尼罗河、长江、密西西比河的总和还要大几倍，大约相当于7条长江的流量，占世界河流流量的20%。

亚马逊河

　　巴西以咖啡质优、味浓而驰名全球，是世界上最大的咖啡生产国和出口国，素有"咖啡王国"之称。

　　印加文明是在南美洲西部、中安第斯山区发展起来的

巴西咖啡豆

著名的印第安古代文明。大体说来，它包括了现今厄瓜多尔山区、秘鲁山区部分，玻利维亚高原地区、半个智利和阿根廷西北部地区。据考古学家的研究，上述这一广大地区是美洲最早出现农业的地区，时间大约在公元前8000年。在公元前1000年中后期，发达的农业文化已经形成，奠定了印加文明的基础，并出现了阶级和国家的最早形式，这标志文明开始形成。16世纪初由于内乱日趋衰落，1532年被西班牙殖民者灭亡。

安第斯山脉

眼镜爷爷来揭秘

南美洲大陆地形可分为三个南北向纵列带：西部为狭长的安第斯山，东部为波状起伏的高原，中部为广阔平坦的平原低地。

南美洲是世界上火山较多、地震频繁且多强烈地震的一个洲。科迪勒拉山系是太平洋东岸火山带的主要组成部分，安第斯山脉北段有16座活火山，南段有30多座活火山。

南美洲大部分地区属热带雨林气候和热带草原气候。气候特点是温暖湿润，以热带为主，大陆性不显著。南美洲西部则有呈带状分布的热带沙漠气候和地中海气候，安第斯山脉则为高山气候，在南美洲东南部则有亚热带季风性湿润气候。

南美洲矿产资源丰富，委内瑞拉石油储量、巴西的铁矿储量居世界前列；天然气主要分布在委内瑞拉和阿根廷；煤主要分布在哥伦比亚和巴西；铝土矿主要分布在苏里南；铜矿的金属储量在1亿吨以上，居各洲首位，智利铜的储量居世界第二位，秘鲁居第四位；铋、锑、银、硝石、铍和硫黄储量均居各洲前列；锡、锰、汞、铂、锂、铀、钒、锆、钍、金刚石等矿物也很丰富。

南美洲人口分布不平衡，西北部和东部沿海一带人口稠密，广大的亚马逊平原是世界人口密度最小的地区之一，每平方公里不到一人。人口分布的另一特点是人口高度集中在少数大城市。南美洲民族成分比较复杂，有印第安人、白人、黑人及各种不同的混血型。

南美洲的农业属于殖民地式农业，品种单一化，大规模种植，其商品价格易受市场波动，造成南美洲国家外债普遍偏高。其农业有数种作物，经济作物有橡胶、胡椒、棉花、烟草、可可、甘蔗、咖啡、香蕉、黄豆等；粮食作物有稻米、小麦、玉米、番薯等。

智慧卡片

南美洲栗鼠又叫龙猫，尾长7～15厘米，绒鼠外形与兔和松鼠十分相似。南美洲栗鼠原产于南美洲安第斯山脉，海拔500米的山洞及石缝是其聚居之地，平时依靠树皮、树根、仙人掌维生，生命力极强。但在十六世纪，当时的欧洲人发现这种小动物之皮毛竟然是那么柔软，便大量捕杀南美洲栗鼠。十九世纪初，南美洲栗鼠已经在绝种的边沿。后来幸得一位美国人带了十一只回加州并成功在当地繁殖，你我今日才有机会饲养这种可爱的小动物。

六、大洋洲

大洋洲位于太平洋西南部和南部的赤道南北广大海域

中。在亚洲和南极洲之间，西邻印度洋，东临太平洋，并
与南北美洲遥遥相对。

布诺带你看世界

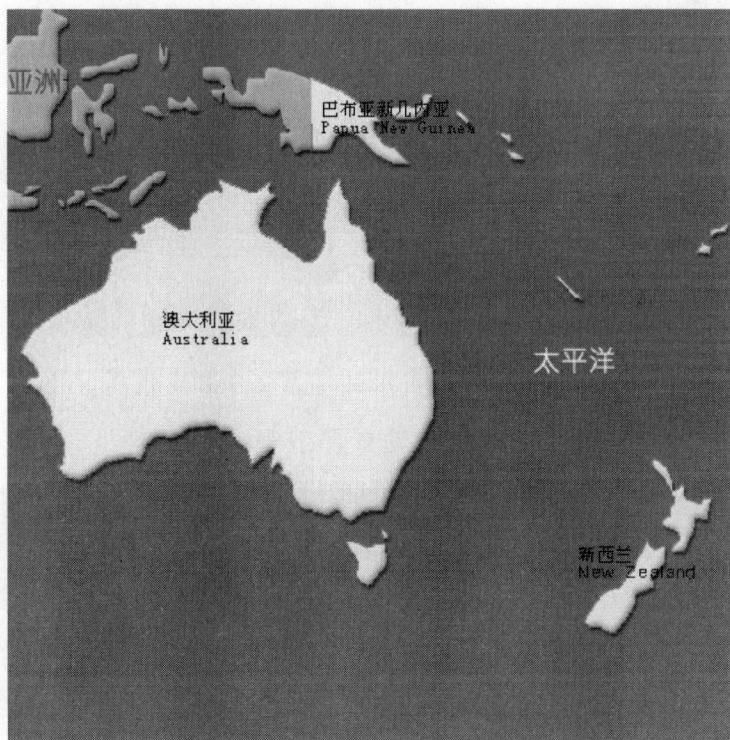

大洋洲主要国家分布区

新西兰位于太平洋西南部，新西兰气候宜人、环境清

新西兰牧场

新、风景优美、旅游胜地遍布、森林资源丰富，生活水平也相当高，联合国人类发展指数排名第3位。鹿茸、羊肉、奶制品和粗羊毛的出口值皆为世界第一。

悉尼歌剧院是澳大利亚悉尼市的标志建筑

悉尼歌剧院是20世纪最具特色的建筑之一，也是世界著名的表演艺术中心，已成为悉尼市的标志性建筑。那些濒临水面的巨大的白色壳片群，像是海上的船帆，又如一簇簇盛开的花朵，在蓝天碧海、绿树的衬映下，婀娜多姿，轻盈皎洁。

可爱的考拉

　　树袋熊又叫考拉，它们从桉树叶中获得所需的90%的水分，而它们只在生病和干旱的时候喝水。树袋熊每天18个小时都处于睡眠状态，它们的长相滑稽、娇憨，是一种惹人喜爱的观赏类型动物。

袋鼠

袋鼠是澳大利亚国家的标志，袋鼠不会行走，以跳代跑，是跳得最高最远的哺乳动物。所有雌性袋鼠都长有前开的育儿袋，"幼崽"或小袋鼠就在育儿袋里被抚养长大，直到它们能在外部世界生存。

眼镜爷爷来揭秘

大洋洲西邻印度洋，东临太平洋，为亚非之间与南、北美洲之间船舶、飞机往来所需淡水、燃料和食物的供应站，又是海底电缆的交汇处，在交通和战略上具有重要地位。

大洋洲面积897万平方公里，是世界上最小的一个洲，也是世界上人口最少的一个洲。

大洋洲大部分地区处在南、北回归线之间，绝大部分地区属热带和亚热带，除澳大利亚的内陆地区属大陆性气候外，其余地区均属海洋性气候。绝大部分地区的年平均气温在25－28℃之间。

大洋洲各国经济发展水平差异显著，澳大利亚和新西兰两国经济发达，其他岛国多为农业国，经济比较落后。农作物有小麦、椰子、甘蔗、菠萝、天然橡胶等。小麦产量约占世界小麦总产量的3%，当地居民主要粮食是薯类、玉米、大米等。畜牧业以养羊为主，绵羊头数占世界绵羊总头数的20%左右。羊毛产量占世界羊毛总产量的40%左右。

近年来大洋洲国家重视发展旅游业。汤加、瓦努阿图等国家旅游业收入可观，成为国民经济的重要组成部分。

考考你

你知道澳大利亚还有哪些奇特的动物呢？

七、南极洲

南极洲是人类最后到达的大陆，也叫"第七大陆"。位于地球最南端，土地几乎都在南极圈内，四周濒太平洋、印度洋和大西洋。南极洲是世界上地理纬度最高的一个洲，同时也是跨经度最多的一个大洲。

布诺带你看世界

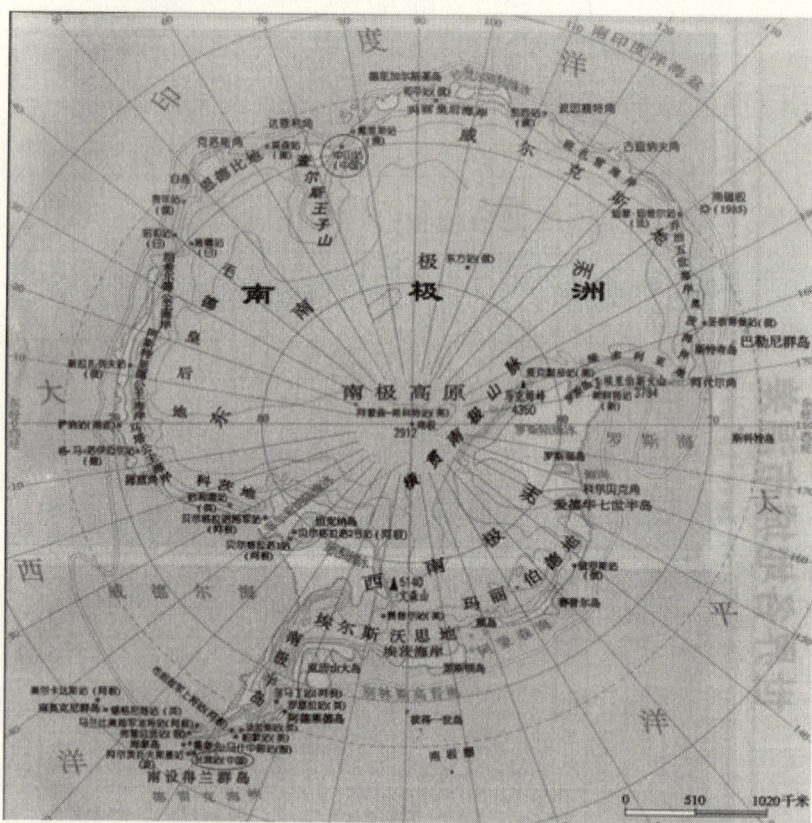

南极洲腹地几乎是一片不毛之地。但是，海洋里却充满了生机，那里有海藻、珊瑚、海星和海绵，大海里还

企鹅

海豹

有许许多多叫做磷虾的微小生物，磷虾为南极洲众多的鱼类、海鸟、海豹、企鹅以及鲸提供了食物来源。夏天，企鹅常聚集在沿海一带，构成有代表性的南极景象。

1959年12月，由12个国家签订了《南极条约》。其主要内容是：南极洲仅用于和平目的，保证在南极地区进行科学考察的自由，促进科学考察中的国际合作，禁止在南极地区进行一切具有军事性质的活动及核爆炸和处

南极洲的科学考察站

理放射废物，冻结对南极的领土要求等。中国在南极建立了长城站、中山站、昆仑站进行科学考察。

眼镜爷爷来揭秘

南极洲坐落于南半球的南极区，几乎全洲都在南极圈以南，四周环绕着南极海。南极洲的土地面积约有1400万平方公里，是世界上第五大洲。

南极洲气候异常寒冷、终年覆盖冰雪，为寒带冰原气候。全洲年平均气温为零下25℃，内陆高原平均气温为零下56℃左右，极端最低气温曾达零下89.8℃，为世界最冷的陆地。全洲平均风速17.8米／秒，最大风速可达92米／秒以上，号称世界"风库"，是世界上风力最强和最多风的地区。绝大部分地区降水量不足250毫米，空气非常干燥，因为气温长年在零度以下，所以积雪、积冰不化，因此有"白色荒漠"之称。

八、四大洋

四大洋是地球上四片海洋太平洋、大西洋、印度洋、北冰洋的总称，也泛指地球上所有的海洋。海洋面积为36100万平方公里，海洋面积和陆地面积之比约为7：3。

布诺带你看世界

太平洋的夏威夷岛

寒冷的北冰洋

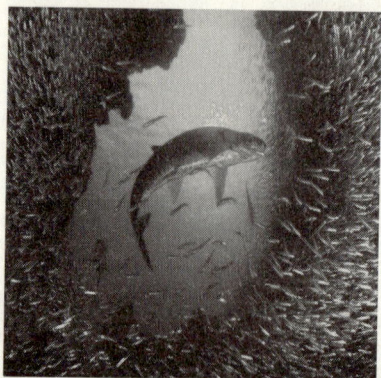

充满生机的海底世界

贝壳珍珠

眼镜爷爷来揭秘

太平洋

太平洋

太平洋位于亚洲、大洋洲、南极洲和南美洲、北美洲之间，面积16624.1万平方公里，占地球表面积的35.2%。太平洋是地球上四大洋中最大、最深和岛屿、珊瑚礁最多的海洋。

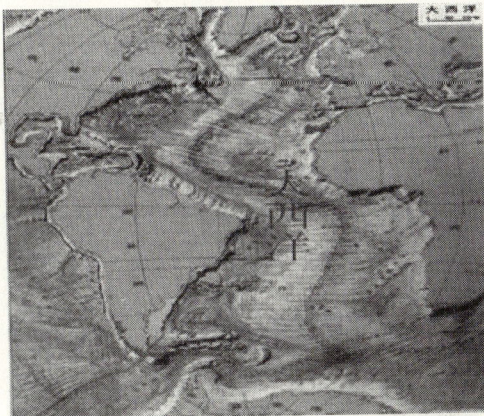

大西洋

大西洋位于欧洲、非洲与北美、南美之间，北接北冰洋，南接南极洲。大西洋东西两侧岸线大体平行。南部岸线平直，内海、海湾较少；北部岸线曲折，沿岸岛屿众多，海湾、内海、边缘海较多。岛屿和群岛主要分布于大陆边缘，多为大陆岛。

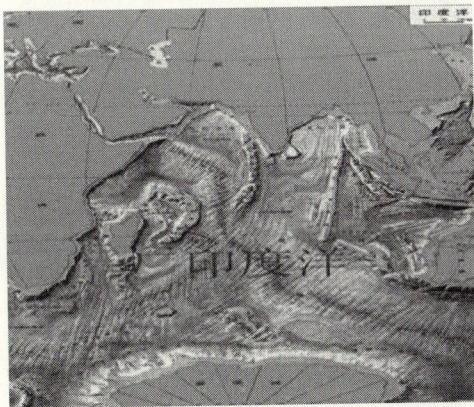

印度洋

印度洋位于亚洲、大洋洲、非洲和南极洲之间，其北为印度、巴基斯坦和伊朗；西为阿

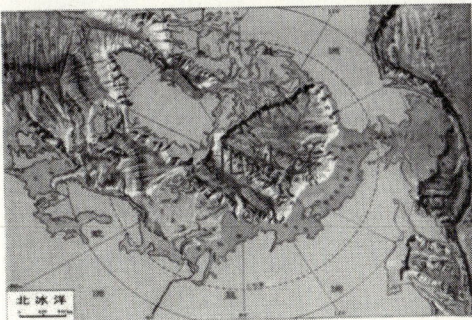

北冰洋

拉伯半岛和非洲；东为澳大利亚、印度尼西亚和马来半岛；南为南极洲。

北冰洋位于亚洲、欧洲和北美洲之间。北冰洋是世界最小、最浅和最冷的大洋。北冰洋大致以北极圈为中心，位于地球的最北端，被欧洲大陆和北美大陆环抱着，有狭窄的白令海峡与太平洋相通；通过格陵兰海和许多海峡与大西洋相连，是世界大洋中最小的一个洋。

第二章　世界的人种、语言和宗教

智慧导航

　　这个世界是多元化的世界，各个地方的人们拥有他们独特的文化，正因为如此，这个世界才变得丰富多彩。本章将带你一起看看地球人的不同之处。

一、世界的人种

　　世界各地的人的面貌、体型都很不一样。人种，是指具有共同起源并在体质形态上比如肤色、眼睛的颜色、毛发、脸型等具有某些共同遗传特征的人群。

布诺带你看世界

黑种人　　　　　　白种人　　　　　　　黄种人
肤色黝黑　头发曲卷　肤色白皙　嘴唇较薄　皮肤浅黄色　头发黑直
嘴唇厚　　鼻型扁平　头发金黄色、波浪形　面庞扁平　　唇厚适中
　　　　　　　　　　鼻型细高　　　　　　鼻梁不高，宽度适中

小风铃探究

　　根据体质形态的不同，世界上分为哪几种人种呢？他们各分布在世界哪些地方呢？

眼镜爷爷来揭秘

　　根据人种的自然体质特征，人种通常分为三种：蒙古人种、

欧罗巴人种、尼格罗人种，俗称黄种人、白种人、黑色人，也有人主张把棕种即澳大利亚人种从黑种中分出来，成为四大人种。

蒙古人种：皮肤呈黄色或黄白色、黄褐色，面部扁平，颧骨较高，鼻梁的高度和宽度中等，嘴唇厚度适中，胡须和体毛不发达，头发为黑色直发，眼睛的颜色较深。集中分布在亚洲东半部，如中国、朝鲜、日本、西伯利亚、中南半岛、美洲和北极地区。

欧罗巴人种：皮肤颜色浅淡，头发为柔软的波状发或直发，其颜色呈金黄色、亚麻、灰褐色等，嘴唇薄，鼻梁高，鼻尖突出，有的呈鹰钩型，眼睛的颜色较浅，多为蓝色或灰褐色，体型高大，胡须和体毛发达。主要分布在欧洲、北非、西亚、中亚及南亚部分地区。

尼格罗人种：皮肤呈黑色或深棕色，头发为黑色卷发，鼻梁宽扁，嘴唇厚而凸出，体毛发达程度适中。主要分布于撒哈拉以南非洲、大洋洲，以及南亚、东南亚部分地区。

随着社会的进步，人口迁移和异族通婚越来越多，由此产生了新型的混血人种，如欧洲人发现了美洲大陆与当地的印第安人通婚形成的混血人种，黑人被贩卖到美洲形成黑人与白种人的混血人种，等等。

世界人种的分布

黑种人　　　　白种人　黄种人

美洲的印第安人和北极的爱斯基摩人也是黄种人

智慧卡片

当今世界人种的形成经历了一个很漫长的过程，一般来说，各人种在世界的分布是很有规律的，这是适应环境的需要。

比如生活在日光强烈、日照时间长的低纬度地区的居民皮肤中含有较多的黑色素，就可以使他们得以保护皮肤深部的其他重要组织、器官免受过量紫外线的损害。了解了这一道理，我们就不难理解尼格罗人种之所以具有黝黑肤色的原因了。相反，生活在阳光稀少的北欧等地的居民皮肤较为白皙。

尼格罗人种卷曲的头发也是地理环境适应的结果。它们能够在头顶形成一个多孔隙的覆盖物，犹如我们通常用棉花来隔热一样，卷曲的头发是抵抗强烈阳光的一种良好的不导热的绝缘体，在赤道阳光的直射下，导热性能差的卷发不会把外表的热量大量传往头部的皮肤和血管，因而起到了一定的隔热作用。

赤道人种的口型通常很宽阔，口唇也很厚，这对于生活在炎热气候的环境下也是很有益处的。宽阔的口型与很厚并且外翻的唇粘膜能够增大通气量，同时扩大了水分的蒸发面积，从而有助于冷却吸入的空气。同样道理，生活在高纬度地区的白种人高耸的鼻梁能够使鼻腔粘膜的表面积明显增大，鼻腔粘膜可以使吸入的冷空气变得温暖一些，欧洲人和西伯利亚的蒙古人种居民所具有的直颌特征也可能是有益的，因为这样可以使得吸入的空气更多走弯路，从而迟滞冷空气进入肺部的速度。

露一手

俺不是白人，也不是黑人。　　　俺是混血儿，但俺坚持认为俺是黑人！

各人种都为人类文明的进步作出了贡献，但种族歧视一直存在，请你说说你对种族歧视的看法。

二、世界的语言

生活中我们每天都要用语言来和他人沟通，语言是人类最重要的交际工具。

布诺带你看世界

英语
你好：hello
再见：good-bye
谢谢：thank you

西班牙语
你好：hola
再见：adió s
谢谢：gracias

汉语
你好
再见
谢谢

法语
你好：bonjour
再见：au revoir
谢谢：merci

俄语
你好：Здравствуйте
再见：Досвидания
谢谢：Спасибо

小风铃探究

世界上有多少种语言呢？哪些语言是为较多人使用的呢？为什么我们要学习英语？

眼镜爷爷来揭秘

世界语言十分复杂，专家估计大概有5000~7000种。根据德国语言学家1979年的统计，当时世界上已经查明的语言有5651种；有个学者说："我的印象中感觉有几千种，具体多少也说不清，就去查资料，还真说不清。一般大概说当今世界拥有60亿人

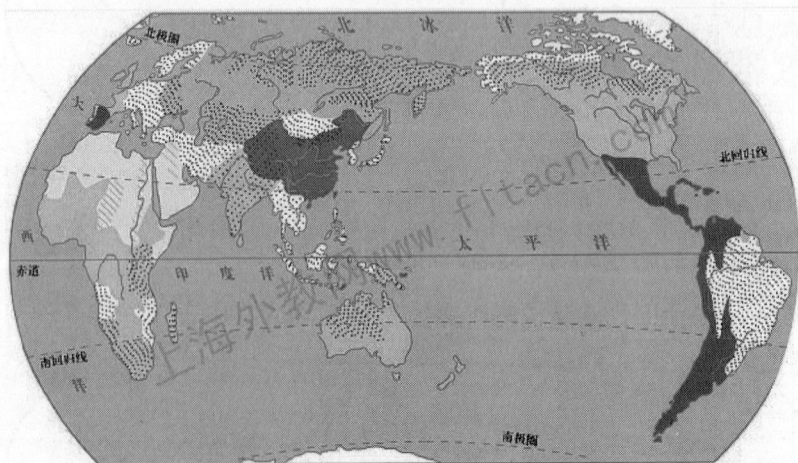

世界主要语言的分布

口，200多个国家和地区，2500多个民族，五六千种语言"。

汉语、英语、法语、俄语、西班牙语、阿拉伯语等，是世界上主要的语言，也是联合国的工作语言。汉语是世界上使用人数最多的语言，英语是世界上使用范围最广的语言。

轻轻的告诉你

虽然世界上的语言有几千种，但大部分面临着没有相应文字记载、没有进入官方语言、使用者受歧视等困境，只有不足10%的语言才可以称为"安全语言"，即有文字记载、被官方正式使用、代代相传。

有专家测算，今天人类语言种类的消亡速度是哺乳动物濒临灭绝速度的两倍，是鸟类濒临灭绝速度的四倍。据估计，目前世界尚存的五六千种语言，在21世纪将有一半消亡，200年后，80%的语言将不复存在。

现在互联网上的信息85%是用英语传播的，在联合国各种场合中使用的语言95%是英语，而国际经贸活动中几乎100%使用英语，经济全球化对英语的传播更是推波助澜。由于英语的挤压，不少语言的生存空间越来越小，这样的情况引起了所有关心文化多样性问题的人士的关注与焦虑。语言消亡了，通过该语言代代相传的文化、知识就会消失，因此我们应该保护世界的弱势语言，积极推进世界各种语言的发展。

考考你

除了普通话，你能用英语和人沟通吗？你会说地方方言吗？

三、世界上的宗教

在古代，人们对许多无法解释的自然现象理解为"神的意志"，并创造了宗教。

布诺带你看世界

基督教象征   意大利米兰大教堂

基督教，是以信仰人类有原罪，相信耶稣为神子并被钉十字架从而洗清人类原罪、拯救人类的一神论宗教。基督教的主要经典是《圣经》，象征性标志是十字架，重要节日为圣诞节、复活节等。

基督徒做祷告　　　　　　　　基督教婚礼

伊斯兰教圣城　麦加

土耳其清真寺

伊斯兰是阿拉伯语音译，原意为"顺从"、"和平"，指顺从和信仰宇宙独一的最高主宰安拉及其意志，以求得两世的和平与安宁。伊斯兰教于公元7世纪创立于阿

释迦牟尼佛

佛塔

拉伯半岛。它的创立者为穆罕默德。伊斯兰教以安拉为真主，以穆罕默德为真主的使者。所有信仰伊斯兰教者均称为穆斯林，意即安拉旨意的"顺从者"。它的经典是《古兰经》，其特点是清真，即清清白白做人，真诚待人。

佛教创始于公元前6世纪的古印度，创始人为释迦牟尼，本名为悉达多·乔答摩，人称佛祖。他出生在今天的尼泊尔境内，是释迦部落的王子。佛教就是佛让人们止恶扬善、自净其意的教法，是佛陀的教育。佛是人而不是神，万物平等，凡人皆可教化，人人皆可成佛，无排他性。

小风铃探究

世界上主要的宗教有哪些呢？分别有哪些人信仰它们呢？

眼镜爷爷来揭秘

宗教在世界上各个国家和民族中存在，到目前为止，还没有发现哪个国家没有宗教，而且世界上有宗教信仰的人绝对超过无宗教信仰者。

世界上有数千个宗教，目前主要有基督教、伊斯兰教、佛教、印度教、犹太教、道教等，其中基督教、伊斯兰教、佛教为影响范围最广的宗教，并称为世界三大宗教。

基督教是以信仰耶稣基督为救世主的宗教。基督教于公元1世纪出现于巴勒斯坦，目前主要集中分布在欧洲、美洲和大洋洲。基督教在全世界有约21.4亿信徒，是世界上信仰人数最多的宗教。

伊斯兰教于公元7世纪创立于阿拉伯半岛，主要传播于亚洲、非洲，以西亚、北非、中亚、南亚次大陆和东南亚最为盛行。

佛教相传在公元前6世纪由释迦牟尼创立于今日尼泊尔南部的蓝毗尼。现在佛教主要分布在亚洲的东部和东南部。

中国少数民族中维吾尔族、回族等信仰伊斯兰教，藏族、蒙古族等民族信仰喇嘛教（佛教中的一派）。

智慧卡片

不可不知的宗教礼仪

基督教礼仪

"666"在基督徒眼里代表魔鬼撒旦，"13"与"星期五"也被视为不祥的数目，所有的基督徒都会对其敬而远之，因此不应有意令对方接触它们。就餐之前，基督徒多进行祈祷。非基督徒虽然不必照此办理，但也不宜在其前面抢先而食。教堂为基督教的圣殿，它允许非基督徒进入参观，但禁止在其中打闹、喧哗，或者举止有碍其宗教活动。

伊斯兰教礼仪

伊斯兰教禁止偶像崇拜，故此不应将雕塑、画像、照片以及玩具娃娃赠给穆斯林，并不宜邀请其观看电影、电视、录像，也不得邀对方参加拍摄。

伊斯兰教禁止妇女外出参加社交活动。在外人面前，不允许妇女的着装暴露躯体，不允许男女共处。与穆斯林打交道时，一般不宜问候女主人，不宜向其赠送礼物。女性基层公务员前往伊斯兰教国家时，衣着一定要入乡随俗，禁止袒胸、露臂、光脚、赤足。

在饮食方面，穆斯林讲究甚多。他们一般都忌食猪肉，忌饮酒，忌食动物血液，忌食自死之物，并且忌食一切未按教规宰杀之物。非清真的一切厨具、餐具、茶具，均不得盛放招待穆斯林的食物或饮料。

佛教礼仪

佛门弟子及其居所的具体称呼有别。凡出家者，男称炎僧，女称为尼，合称为僧尼。凡不出家者，则一律称为居士。僧之居所称为"寺"，尼之居所称为"庵"，有时统称二者为寺庙。对所有出家者，一律禁止称呼其原有的姓名。故民间有"僧不言名，道不言寿"之说。

普通的佛教信待为了"广种福田"，通常应向寺庙、僧尼或别人主动赠送财物，此举叫做"布施"。佛教的基本礼节为合十礼，基本的礼颂用语是"佛祖保佑"。佛教信徒拜佛时，则讲究行顶礼，即所谓"五体投地"。

对于佛祖、佛像、寺庙以及僧尼，佛教均要求其信徒毕恭毕敬。非信徒对其不得非议。不准攀登、侮辱佛像。不准触摸、辱骂僧尼，不得与僧尼"平起平坐"。进入寺庙时，宜慢步轻声，不乱动，不乱讲，不拍照。

露一手

1. 佛云：诸恶莫做，诸善奉行；自净其意，与人为善是慈，把人之苦为悲。

2. 上帝说：一个若赢得世界，却失去自己的灵魂，即自己的良心，对他而言又有何用；人若知道行善，却不去行，这就是他的罪了。

3. 如果你的主意欲，大地上所有的人，必定都信道了，难道你要强迫众人都做信士吗？

第三章　奇峰秀岭

智慧导航

　　从赤道到两极，从陆地到海洋，在地球的表面有着各种不同的地貌，也许这里山清水秀，那里却断壁残垣。

大自然力量的神奇之处就在于造就了世界的各种美，有山川，有河流，有高原……

一、青藏高原

青藏高原大部分位于中国的西南部，包括西藏自治区和青海省的全部、四川省西部、新疆维吾尔自治区以及甘肃、云南的一部分。

布诺带你看世界

冰雪广阔的青藏高原

众多大江大河的源头

当我们打开世界地图，一眼就看到了世界上最高的地方——青藏高原。青藏高原总面积250万平方公里，平均海拔4000～5000米，有"世界屋脊"之称。

在这最接近天空的

生活在有着绿色草原、湛蓝天空的青藏高原的藏民

地方，金光普照的雪山林海显示着一种强劲的生命力。喜马拉雅山脉的主峰珠穆朗玛峰是世界最高峰，海拔8844.43米。这些山脉的雪水不仅哺育着朴

布达拉宫

青藏铁路

实的藏族人民，还是黄河、长江、雅鲁藏布江、印度恒河等大江大河的发源地，有着"亚洲的水塔"之称。

在这神圣的高原上生活的藏族人民大多信仰藏传佛教，他们每天在草甸上追赶着牛羊，手中拿着转经筒，在澄澈的天空下祈祷膜拜，过着一种简单而悠然的生活。

2006年7月，青藏铁路全线通车，这条历经10多万筑路大军历时5年的铁路是世界上海拔最高、路线最长的高原铁路。

眼镜爷爷来揭秘

青藏高原平均高度4000米以上，面积很大，形成了独特的高原气候，空气比较干燥、稀薄，太阳辐射比较强，气温比较低，低压缺氧。青藏高原本身也是影响地球气候的一个重要因素。古生物学和地质学的考察表明，青藏高原的隆起使全球的气候发生了巨大的变化。作为一个高大的阻风屏，它有效地将北方大陆的寒冷空气阻挡住了，使它们不能进入南亚。同时喜马拉雅山脉阻挡了南方温暖潮湿的空气北进，是造成南亚雨季的一个重要因素。

智慧卡片

大约在2.8亿年前，青藏高原还是一片汪洋大海，我们称它"古地中海"，这里气候温暖，成为海洋动植物的繁盛地。2.4亿年前，由于板块运动，南部的印度洋板块以较快的速度向北移

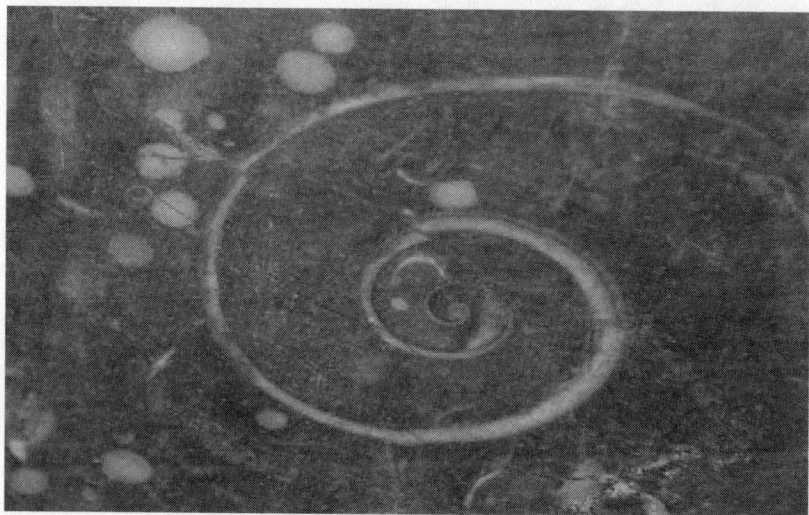

在青藏高原的岩石上发现的古海洋生物化石

动挤压，使得"古地中海"地区因受挤压而不断抬升，海洋慢慢变成了大陆，后来又以每年7厘米的速度抬升，形成了青藏高原。

二、东非大裂谷

东非大裂谷位于非洲东部，南起赞比西河口一带，向北经希雷河谷至马拉维湖北部分为东西两支。东支裂谷

是主裂谷，沿维多利亚湖东侧向北经坦桑尼亚、肯尼亚中部，穿过埃塞俄比亚高原入红海，再由红海向西北方向延伸抵约旦谷地，全长6000公里。西支裂谷大致沿维多利亚湖西侧由南向北穿过坦噶尼喀湖等一串湖泊，向北逐渐消失，全长1700多公里。

地球的伤痕——东非大裂谷

布诺带你看世界

越过浩瀚的印度洋，进入非洲大陆，我们可以看到在非洲的东部有一条硕大无比的"伤痕"，这就是东非大裂谷。很多人认为它一定是一个黑暗恐怖的断涧深谷，然而如果你亲自去东非大裂谷看一看，展现在眼前的却是另一番景观。裂谷间有广阔平坦的原野，这里是羚羊、大象、猎豹、疣猪、斑马等动物的天堂；这里湖泊成群，犹如一个个晶莹剔透的蓝色宝石，吸引了成群的鸟类，如火烈鸟、白鹭、白胸鸦等。东非大裂谷每年吸引了很多游客和地质学家前来游览和考察。

生活在热带草原上的斑马、猎豹、大象

人类的进化

　　东非大裂谷是人类文明最古老的发源地之一。1975年，在坦桑尼亚与肯尼亚交界处的裂谷地带，发现了距今已经有350万年的"能人"遗骨,并在硬化的火山灰烬层中发现了一段延续22米的"能人"足印。这说明,早在350万年以前,大裂谷地区已经出现能够直立行走的人,属于人类最早的成员。

轻轻的告诉你

在肯尼亚裂谷带生活的人们生活很艰苦,因为农田地和放牧地离家里很远,路也不好走,每天早上他们习惯性地在两地来回跑,跑步已成为他们的家常便饭,这里成为世界长跑冠军的故乡,如2008年北京奥运会男子马拉松冠军赛谬尔·卡马乌就来自肯尼亚。

眼镜爷爷来揭秘

在1000多万年前,地壳的断裂作用形成了这一巨大的陷落带。板块构造学说认为,这里是陆块分离的地方,即非洲东部正好处于地幔物质上升流动强烈的地带。在上升流作用下,东非地

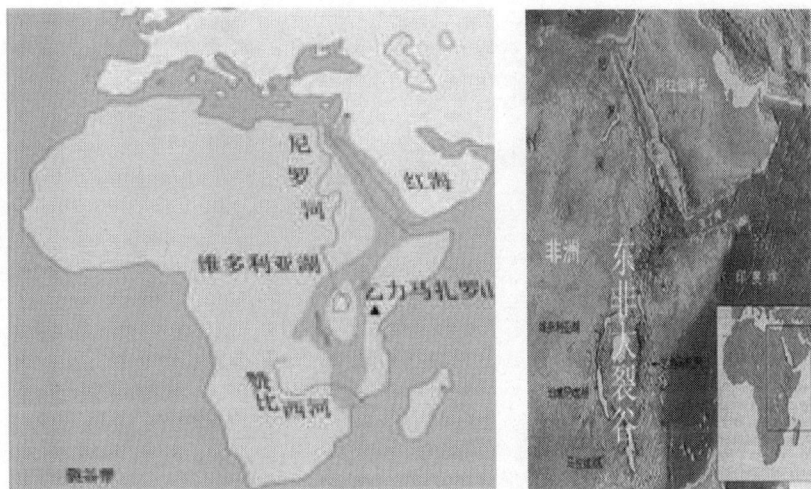

东非大裂谷形成示意图

壳抬升形成高原，上升流向两侧相反方向的分散作用使地壳脆弱部分张裂、断陷而成为裂谷带，形成了东非大裂谷。裂谷张裂的平均速度为每年2厘米～4厘米，这一作用至今一直持续不断地进行着，裂谷带仍在不断地向两侧扩展。

三、撒哈拉沙漠

撒哈拉沙漠位于非洲的北部，它西起大西洋沿岸，北部以阿特拉斯山脉和地中海为界，向东直抵红海，南部抵达苏丹和尼日尔河谷。在阿拉伯语中，"撒哈拉"即"沙漠"的意思。

撒哈拉沙漠是世界上最大的沙漠，总面积约为906万平方公里，相当于美国本土的面积。如果将撒哈拉的沙土盖住整个世界，沙土的厚度可达到20厘米。这里气候条件非常

广袤的撒哈拉沙漠

恶劣，是地球上最不适合生物生存的地方之一。

　　走进广阔无垠的撒哈拉沙漠中，遍布着沙丘、石漠，面积较大的沙漠称为沙海，沙漠由复杂而有规则的大小沙丘排列而成，有高大的固定沙丘，有较低的流动沙丘，还有大面积固定、半固定沙丘。

　　在烈日的照射下，沙漠的温度可以达到七十多度，空气中一丝风也没有，一切生命都像在热锅上煎烤般难以忍耐。到了夜晚，这里的温度又可以下降到零下三十多度，在这个年平均降水不足100毫米的地方，夜晚的星空像洒满了璀璨的宝石般美丽。当东方的太阳开始从地平线升起，一道道金灿灿的光渲染了远处的天空和沙丘。

沙漠中顽强的生命

当然这里不仅仅有各种古堡般的沙丘，在有水的地方，你还可以看到几颗怪兽般的树，偶尔你还可以看到脚下有一丛不知名的球形植物，开着黄灿灿的小花。撒哈拉2/3的人口生活在绿洲里，这里是世界最贫困地区之一。人们通常将撒哈拉沙漠的人分为牧人、定居的农夫或专业人员（诸如铁匠、牧工和耕作者）。在绿洲里，种植着海枣、石榴、无花果、小麦、大麦等。

眼镜爷爷来揭秘

撒哈拉沙漠是典型的热带沙漠气候，全年炎热干燥，平均气温超过30℃，最干燥的地区年降水量少于25毫米，有些年份全年无雨。

四、安第斯山脉

安第斯山脉属于科迪勒拉山系，纵贯南美大陆西部，从北到南全长8900余千米，跨委内瑞拉、哥伦比亚、厄瓜多尔、秘鲁、智利、阿根廷等国，被称为"南美洲的脊梁"。

布诺带你看世界

当我们的视线转移到南太平洋的东岸，可以看到一条绵延的山脉贯穿了整个南美大陆，它的名字叫安第斯山脉。这条由一系列平行山和横断山体组成的山脉，从南美洲的南端到最北端的加勒比海岸犹如一道厚厚的城墙阻挡着南太平洋湿润的水汽，使得山脉东西两岸呈现出完全不同的景观，而山脉本身也因海洋吹来的水汽而笼罩在云雾中，加之许多高峰终年积雪，安第斯山脉实在让人遐想。

南美洲多火山，它们主要分布在安第斯山脉，共有40多座活火山。其中阿空加瓜山是世界上最高的死火山，尤耶亚科火山是世界上最高的活火山。

云雾缭绕的安第斯山脉

阿空加瓜火山

尤耶亚科火山

眼镜爷爷来揭秘

安第斯山脉属于科迪勒拉山系，从北到南全长8900余公里，几乎是喜马拉雅山脉的三倍半，是世界上最长的山脉，纵贯南美大陆西部，素有"南美洲脊梁"之称，山脉有许多海拔6000米以上、山顶终年积雪的高峰，且地区矿产资源丰富。南美洲西部山脉大多相互平行，并同海岸走向一致，纵贯南美大陆西部，大体上与太平洋岸平行，其北段支脉沿加勒比海岸伸入特立尼达岛，南段伸至火地岛。跨委内瑞拉、哥伦比亚、厄瓜多尔、秘鲁、玻利维亚、智利、阿根廷等国。

安第斯山系是早期地质活动的新生代期间地球板块运动的结果，地质上属年轻的褶皱山系，形成于白垩纪末至第三纪阿尔卑斯运动，历经多次褶皱、抬升以及断裂、岩浆侵入和火山活动，地壳活动仍在继续，为环太平洋火山、地震带的一部分。

五、尼罗河

尼罗河是一条流经非洲东部与北部的河流，长6670公里，是世界上最长的河流。

布诺带你看世界

在非洲的北部有一条美丽的河流在沙漠中穿行——尼罗河。它的沿岸像一条绿色长廊，在沙漠中显得格外醒目。尼罗河每年都会泛滥一次，大致从夏至起，持续100天，大水退去的时候，留下几英寸厚的肥沃黏土，覆盖着

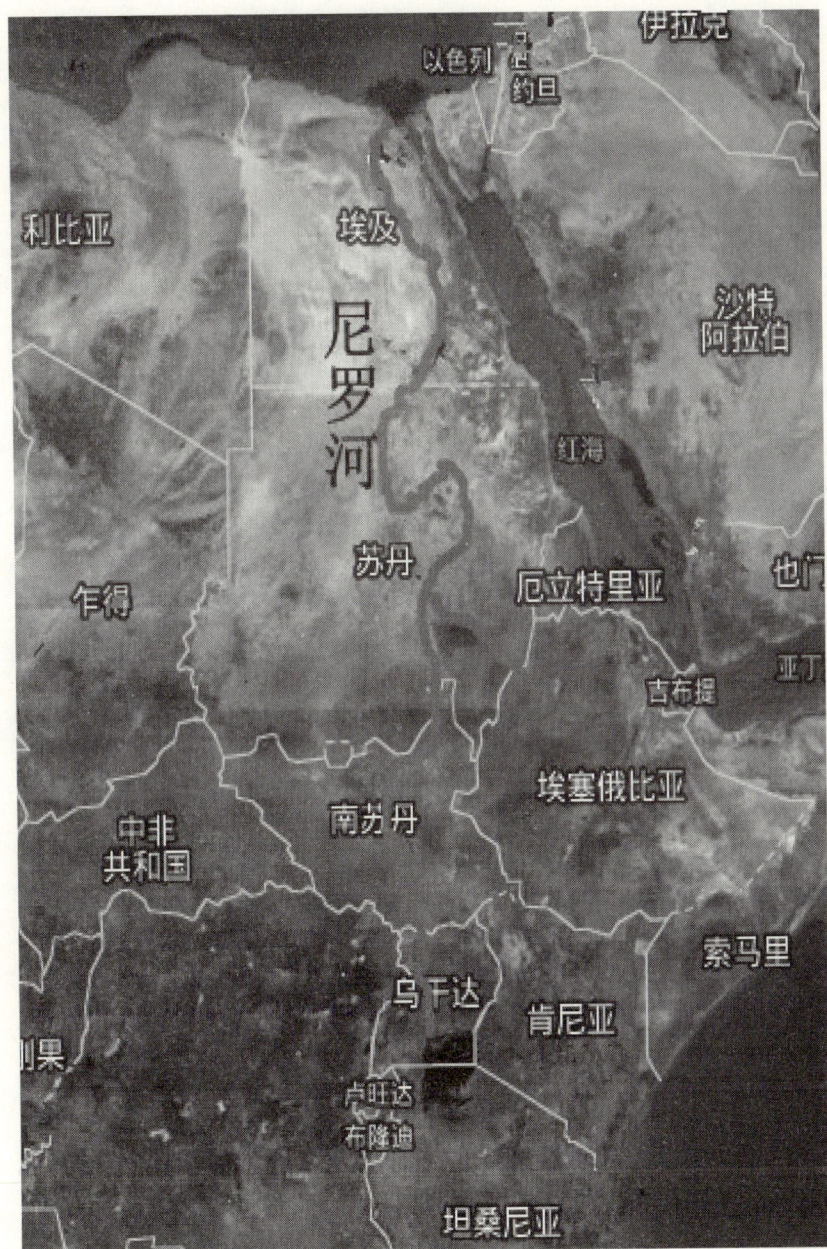

尼罗河

尼罗河

所有的农田和牧场。

在尼罗河的下游，埃及修建了举世闻名的阿斯旺大坝。

近年来，随着尼罗河流

在尼罗河的下游，埃及修建了举世闻名的阿斯旺大坝

域国家的人口增长和工农业发展，各国对水的需求与日俱增。而目前分配尼罗河水的依据仍然是几十年前的协议。1929年，9个尼罗河流域国家达成一项赋予埃及和苏丹对尼罗河水拥有优先使用权的协议，埃塞俄比亚没有加入这项协议。曾被称为非洲"水塔"的埃塞俄比亚每年注入尼罗河的水量占总水量的80%，因此埃塞要求每年至少分得120亿立方米的河水。而埃及和苏丹不同意埃塞俄比亚从上游截留河水，认为这将影响下游的生存。由于严重缺水，埃及前总统萨达特曾经说过："埃及将对任何可能危及青尼罗

河水流的行动作出强硬反应，哪怕诉诸战争。"

眼镜爷爷来揭秘

世界第一长河——尼罗河，非洲主河流之父，位于非洲东北部，是一条国际性的河流。它发源于赤道南部的东非高原，流经布隆迪、卢旺达、坦桑尼亚、乌干达、肯尼亚、刚果（金）、埃塞俄比亚、南苏丹、苏丹和埃及10国，最后注入地中海。

尼罗河有两条主要的支流，白尼罗河和青尼罗河。白尼罗河发源于赤道多雨区，水量丰富又稳定。青尼罗河发源于埃塞俄比亚高原上的塔纳湖，上游处于热带山地多雨区，水源丰富但具有鲜明的季节性，河水流量的年内变化很大。尼罗河有定期泛滥的特点，在苏丹北部通常5月即开始涨水，8月达到最高水位，以后水位逐渐下降，1至5月为低水位。虽然洪水是有规律发生的，但是水量及涨潮的时间变化很大。产生这种现象的原因是青尼罗河和阿特巴拉河，这两条河的水源来自埃塞俄比亚高原上的季节性暴雨。尼罗河的河水80%以上是由埃塞俄比亚高原提供的，其余的水来自东非高原湖。洪水到来时，会淹没两岸农田，洪水退后，又会留下一层厚厚的河泥，形成肥沃的土壤。四五千年前，埃及人就知道了如何掌握洪水的规律和利用两岸肥沃的土地。

六、亚马逊平原

亚马逊平原位于南美洲北部，亚马逊河中下游，介于圭亚那高原和巴西高原之间，西接安第斯山，东滨大西洋，跨居巴西、秘鲁、哥伦比亚和玻利维亚四国领土，面积达560万平方公里，是世界上面积最大的冲积平原。

布诺带你看世界

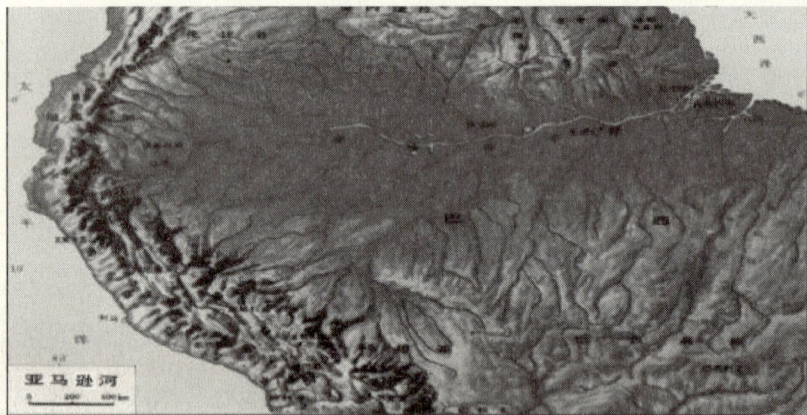

很久很久以前，南美洲的北部还是一大片被海水淹没的凹地，发源与于第斯山的亚马逊河水系的河流，从圭亚那高原和巴西高原带来大量的泥沙，日积月累，凹地被填平了，出现了一个广阔的平原——亚马逊平原。

亚马逊平原地势很低，到处分布着稠密的热带森林，

即具有"地球之肺"之称的亚马逊雨林。走进这个茂密的原始丛林，高大茂密的乔木将雨林填充得密不透风，有的树木的树干能高达60米以上，它们像一把硕大无比的绿伞，使得最深处见不到一丝阳光。这里到处都是盘根错节的树木和藤蔓，有很多叫不出名的动植物，人们在雨林里很容易迷路，也很容易被有毒的植物和动物所伤害。

热带雨林的红眼树蛙和蟒蛇

在亚马逊平原，危险的不仅仅是这个神秘莫测的雨林，还有到处潜藏着危机的亚马逊河。亚马逊河是世界上最大的河流，这里是鳄鱼的乐园，它们擅长于悄悄地接近猎物，出其不意地发动攻击。这里还有可怕的食人鱼，一群食人鱼能在八分钟将一头牛变成一副白森森的骨架。

亚马逊河的凯门鳄和食人鱼是很恐怖的食肉动物

轻轻的告诉你

人类从16世纪起开始开发亚马逊平原的原始森林。1970年，巴西总统为了解决东北部的贫困问题，又做出了"开发亚马逊地区"的决策。这一决策使该地区每年约有8万平方公里的原始森林遭到破坏，1969至1975年，巴西中西部和亚马逊地区的森林被毁掉了11万多平方公里，巴西的森林面积同400年前相比，整整减少了一半。热带雨林的减少不仅意味着森林资源的减少，而且意味着全球范围内的环境恶化。

眼镜爷爷来揭秘

亚马逊平原位于赤道地区，终年受赤道低气压控制，是典型的热带雨林气候，这里全年高温多雨。年平均气温27～28℃，年平均降水量在1500～2500毫米之间。

热带雨林像一个巨大的吞吐机，树林每年吸收全球排放的大量二氧化碳，这种气体的大量存在使地球变暖，以至极地冰雪融化。树木也产生氧气，它是人类及所有动物的生命所必需的。如果亚马逊的森林被砍伐殆尽，地球上维持人类生存的氧气将减少1/3。热带雨林又像一个巨大的抽水机，从土壤中吸取大量的水分，再通过蒸腾作用，把水分散发到空气中。亚马逊热带雨林贮蓄的淡水占地表淡水总量的23%。森林的过度砍伐会使土壤侵蚀、土质沙化，引起水土流失。森林还是巨大的基因库，在亚马逊河流域的仅0.08平方公里左右的取样地块上，就可以得到4.2万个昆虫种类，亚马逊热带雨林中每平方公里不同种类的植物达1200多种，地球上动植物的1/5都生长在这里。

七、吐鲁番盆地

吐鲁番盆地是我国西部天山东部的一个山间盆地，大部分地面在海拔500米以下，是世界地势最低和我国夏季气温最高的地方。

布诺带你看世界

深居我国西北内陆的吐鲁番盆地

吐鲁番的葡萄

盆地边缘是高大的山脉

　　"吐鲁番"在维吾尔语中是"低地"的意思，它深居我国内陆地区，这里全年炎热少雨，具有"火洲"之称。但天山的冰雪融水给盆地带来了丰富的地下水资源。这使得本来是沙漠戈壁的地方田园苍翠，风景秀丽。吐鲁番盆地盛产瓜果，最著名的水果品种是无核白葡萄和哈密瓜。

　　坎儿井是吐鲁番的一道独特风景，它们分布在盆地山前的戈壁滩上，犹如吐鲁番大地的血管，把生命之水输送到各个绿洲。当天山上的座座雪峰和道道冰川，融化成条条大河冲下山谷，进入山前戈壁沙砾地带之后，由于烈日蒸发和地表渗漏，只有很少一点水流到达下游绿洲。坎儿井就是用暗渠引水的办法把渗入

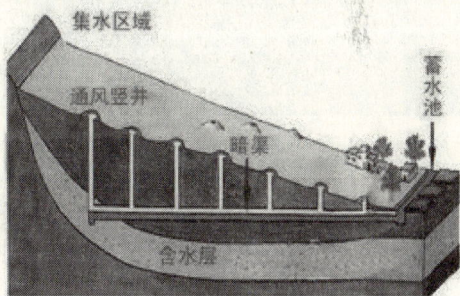

集水区域
通风竖井
暗渠
蓄水池
含水层

坎儿井示意图

地下的潜水流引出浇灌的一种方式。它主要由明渠、暗渠和直井组成。现在，吐鲁番盆地有坎儿井一千多条，总长度达3000多公里，它是我国最伟大的水利工程之一。

眼镜爷爷来揭秘

吐鲁番有"火洲"之称，这是由于：位于内陆地区，气候干旱，晴天多，日照强烈，沙漠吸热多；盆地地形，不易散热；山地的背风坡，气流下沉变干热。

烈日炎炎的"火洲"

第四章　现代之光

智慧导航

　　尽管很多城市犹如一张硬生生的拼图，但不是所有的城市都与大自然格格不入，也不是所有的城市都充满排斥的情绪，它对于外来文化的接纳热情和包容胸襟都是世界一流

的。今天，让我们去畅游这些充满现代化气息的城市。

一、纽约

纽约，一个大西洋西岸的不夜城，位于美国的东北部，是纽约州大纽约都会区的心脏地带。

布诺带你看世界

自由女神像是纽约的标志，她身穿古希腊风格的服装，头戴象征着世界七大洲五大洋的七道光芒头冠，左手拿着《独立宣言》，右手举着火炬，脚下是打碎的手铐、脚镣和手链。

帝国大厦是美国纽约最高的摩天大楼，它始建于1930年，总共有102层。站在帝国大厦的楼顶可以看到整个纽约

自由女神像

自然历史博物馆

帝国大厦

的风景。

　　美国自然历史博物馆是世界上规模最大的自然历史博物馆。该博物馆始建于1869年，迄今已有100多年的馆史。里面的陈列内容极为丰富，包括天文、矿物、人类、古生物和现代生物5个方面，有大量的化石、恐龙、禽鸟、印第安人和爱斯基摩人的复制模型。所藏宝石、软体动物和海洋生物标本尤为名贵。

联合国总部

　　联合国总部位于纽约曼哈顿东河沿岸，包括秘书处大楼、会议厅大楼、大会厅和哈马舍尔德图书馆4栋建筑。联合国致力于促进各国在国际法、国际安全、经济发展、社会进步、人权及实现世界和平方面的合作。

眼镜爷爷来揭秘

纽约是美国的金融中心、最大城市、港口和人口最多的城市，也是世界上最大的城市之一。纽约左右着全球的媒体、政治、教育、娱乐与时尚界，有着"世界之都"之称。

它由五个区组成，其中曼哈顿是纽约的核心。位于曼哈顿南部的华尔街自第二次世界大战后主导了全球的国际金融，纽约证券交易所亦位于此地。

二、伦敦

伦敦位于大西洋东岸的英格兰岛的东南部的平原上，跨泰晤士河，是英国的首都。

布诺带你看世界

大本钟是英国伦敦的传统地标，从1859年它就为伦敦城报时，每隔一小时敲响一次。与大本钟相望的伦敦眼是一个高135米的摩天轮，乘坐它可以看到整个伦敦的景色。坐落在泰晤士河的伦敦塔桥，将伦敦南北区连接成整体。

伦敦的大本钟与伦敦眼

圣保罗大教堂

　　圣保罗大教堂以其壮观的圆形屋顶而闻名，是世界第二大圆顶教堂，它模仿罗马的圣彼得大教堂，是英国古典主义建筑的代表。

2012伦敦奥运会标志

伦敦分别于1908年、1948年和2012年三次成功举办夏季奥林匹克运动会。1934年，伦敦还曾举办过大英帝国运动会，而在1966年，英国亦举行了世界杯；30年后，又举行了欧洲杯。

现代化的伦敦

眼镜爷爷来揭秘

伦敦是英国的首都、第一大港以及欧洲第一大城，也是世界闻名的旅游胜地。从1801年到20世纪初，作为世界性帝国——大英帝国的首都，伦敦因其在政治、经济、人文、娱乐、科技发明等领域上的卓越成就，而成为全世界最大的都市之一。

智慧卡片

英国伦敦曾是有名的"雾都"，19世纪末期，伦敦每年的雾日长达90天左右。由于伦敦属于温带海洋性气候，空气湿度大，容易产生雾气。而19世纪中后期正好是英国工业大发展的年代，工业污染加上居民烧煤，在无风的季节，烟尘与雾混合变成黄黑色，使得伦敦常常烟雾弥漫，白天行车也要开灯。20世纪以后，伦敦展开了一系列治理空气污染的行动，现在伦敦已经很少有那样的大雾天气，"雾都"称号已经名不副实。

三、巴黎

巴黎地处法国北部，塞纳河西岸，是法国的首都。

布诺带你看世界

埃菲尔铁塔是为隆重纪念法国1789年资产阶级革命100周年，在轰动世界的国际博览会举行之际而建的，这是一座象征机器文明、在巴黎任何角落都能望见的巨塔。

举世闻名的艺术宫殿罗浮宫始建于12世纪末，如今博

埃菲尔铁塔

罗浮宫

物馆收藏的艺术品已达40万件，其中包括雕塑、绘画、美术工艺及古代东方、古代埃及和古希腊罗马等7个门类。

巴黎圣母院大教堂位于法国巴黎市中心，是天主教巴黎总教区的主教座堂。其建于1163年到1250年间，属哥特式建筑形式。

巴黎圣母院

卢森堡公园是巴黎一座生机盎然、美丽如画的公园，有许多思想家、诗人题词的半身塑像与纪念碑。在高大的古树下放着绿色的铁椅，在

卢森堡公园

这儿人们可以打牌、下棋或玩球，孩子们一边骑马，大学生们可在美迪奇喷泉边谈情说爱。

巴黎航展是世界上规模最大和最负盛名的国际航空航天展览会之一，会场设在位于巴黎东北的布尔歇机场。第一届巴黎航展于1909年9月25日开幕，1924年以后定为每两年一次，逢单数年初夏举行。2009年巴黎航展百年诞辰，来

巴黎航展

自48个国家和地区的2000多家企业和组织参展，共吸引了36万人前往参观。

眼镜爷爷来揭秘

巴黎处于法国北部巴黎盆地，是法国的首都和最大的城市，也是法国的政治、经济、文化中心。面积为2723平方公里，人口超过220万。巴黎的纺织、电器、汽车、飞机等工业都非常发达，时装和化妆品工业更是举世闻名。巴黎大区是欧洲GDP最高的地区之一，这使得它成为世界经济的"发动机"之一。

巴黎是一个浪漫之都，每年有很多游客来此旅游。巴黎的浪漫，离不开整个城市的建筑散发着一种高雅别致的气息，离不开这里有着无数艺术珍宝的罗浮宫、雄伟壮丽的凯旋门、古老的巴黎圣母院，离不开奢侈的香榭丽舍大道的商店和每年举行的巴黎时装周。深厚的文化底蕴以及时尚的时代气息使巴黎充满了魅力。

四、东京

东京，位于日本本州岛东部关东平原的南端，是日本的首都。

布诺带你看世界

东京塔诞生以前，世界第一高塔是法国巴黎的埃菲尔

东京塔

繁华的东京

铁塔，但东京塔超过它13公尺，高达333米。而所使用的建筑材料却只有埃菲尔铁塔的一半，造塔费时一年半，还不到埃菲尔铁塔施工时间的三分之一。用这样少的材料和这样短的时间，平地竖起这座防台风、抗地震的庞然大物，震惊了全世界。东京塔的灯光颜色随季节变化，夏季为白色，春、秋、冬季为橙色。

眼镜爷爷来揭秘

东京是亚洲第三大城市，所含扩张相连的城区是目前全球规模最大的巨型都会区。东京拥有全球最复杂、最密且运输流量最高的铁道运输系统和通勤车站群，亦为世界经济最发达及商业活动发达度居首位之城市。

日本的主要公司都集中在东京，它们大多分布在千代田区、中央区和港区等地。东京同它南面的横滨和东面的千叶地区共同构成了闻名日本的京滨叶工业区。主要工业有钢铁、造船、机器制造、化工、电子、皮革、电机、纤维、石油、

日本的填海造陆

出版印刷和精密仪器等。东京金融业和商业发达，对内对外商务活动频繁。素有"东京心脏"之称的银座，是当地最繁华的商业区。

智慧卡片

国土狭小的日本，填海造陆有着悠久的历史。东京从一个小渔村逐步发展成一个国际大都市就是一个填海造陆的过程。400多年前，东京就开始填海造陆，特别是日本经济高速发展的20世纪七八十年代，东京湾的填海过程进入一个新的阶段。东京人开始将生活垃圾和泥沙作为填海材料，同时，日本还大量买进煤炭和各种矿石用于填海，这样不仅增加了陆地面积，还储备了大量的矿产。

五、中国香港

中国香港地处我国珠江口以东，北接广东深圳市，南望广东珠海市的万山群岛，西迎澳门特别行政区。

布诺带你看世界

维多利亚港的美丽夜景

维多利亚港是位于香港的香港岛和九龙半岛之间的港口和海域，维多利亚港的名字是为了纪念英国的维多利亚女王。维多利亚港水面宽阔，景色迷人，每天日出日落，繁忙的渡海小轮穿梭于南北两岸之间，渔船、邮轮、观光船、万吨巨轮和它们鸣放的汽笛声，交织出一幅美妙的海上繁华景致。

香港是自由港，被称为"购物天堂"，是购物人士喜欢去的地方，绝大多数的货品没有关税，世界各地物资都运来竞销，有些比原产地还廉价。

香港夜景

眼镜爷爷来揭秘

香港是国际重要的金融、服务业及航运中心，也是继纽约、伦敦之后的世界第三大金融中心。香港是中西文化交融的地方，同时为全球最安全、富裕、繁荣和

俯视香港

生活高水平的城市之一，有"东方之珠"、"美食天堂"和"购物天堂"等美誉。

1842年至1997年，香港是英国的殖民地；1997年7月1日，中国对香港恢复行使主权。香港是一个优良的深水港，曾被誉为世界三大天然海港之一，英国人早年看中了香港的维多利亚港有成为东亚地区优良港口的潜力，不惜以鸦片战争来从清朝政府手上夺得此地，以便发展其远东的海上贸易事业，从而开启开了香港成为殖民地的历史。目前香港的法定语言是中文和英文，而政府的语文政策是"两文三语"，即书面上使用中文白话文和英文、口语上使用粤语、普通话和英语。

六、莫斯科

莫斯科地处俄罗斯欧洲部分的中部，横跨莫斯科河及其支流亚乌扎河两岸，是俄罗斯的首都。

布诺带你看世界

克里姆林宫曾是世界共运中心

莫斯科的红场是俄罗斯人的骄傲，第二次世界大战期间，在德军临城之际，斯大林在红场阅兵，在他的号召下年轻的苏军战士走过红场，奔赴前线。广场的四周围绕着朱红色的建筑：列宁墓、克里姆林宫、圣瓦西里大教堂、历史博物馆和百货商场等。

莫斯科的红场

莫斯科郊外不只有静静流淌的河流，青葱的白桦树林，到了秋天落叶缤纷，格外美丽。在莫斯科西南城郊外的新圣女公墓，安葬着许多名人：普希金、果戈理、契科夫、马雅可夫斯基……

莫斯科现代建筑夜景

寒冷的莫斯科，人们善饮伏特加酒，通常品质好的伏特加是从单一的原料中蒸馏出来的，例如小麦、黑麦或马铃薯。

莫斯科的郊外

莫斯科的冬天　　　　　　　　伏特加酒

眼镜爷爷来揭秘

　　莫斯科建成于1147年，迄今已有800余年的历史。莫斯科是俄罗斯政治、经济、科学文化及交通中心，也是世界特大都市之一和欧洲最大的城市。

　　莫斯科属于温和的大陆性气候，反常气象十分频繁。十二月会开始漫长的冰雪消融期，降水量大，年降水量582毫米，降雪量大，平均年积雪期长达146天（11月初～4月中），冬季长而天气阴暗。1月平均气温－10.2℃（最低－42℃），7月平均气温18.1℃（最高40℃）。

七、新加坡

新加坡位于马来半岛南端，毗邻马六甲海峡南口，南与印度尼西亚、北与马来西亚隔海峡相望。

布诺带你看世界

新加坡市

面积不到700平方公里的新加坡既是一个国家，也是一座城市。新加坡有着丰厚的热带雨林资源，加上政府的绿化政策，注重城市保洁工作，被称为"花园城市"。

鱼尾狮是新加坡的象征，该塑像高8米，重40吨。鱼尾狮塑像的鱼尾造型，浮泳于层层海浪间，既代表新加坡从渔港变成商港的特性，同时也象征着当年漂洋过海、南来谋生求存的祖祖辈辈们。

鱼尾狮

眼镜爷爷来揭秘

东南亚位于亚欧大陆和澳大利亚大陆、太平洋和印洋之间的"十字路口"位置。马来半岛与苏门答腊岛之间的马六甲海峡则是十字路口的咽喉，它是从欧洲、非洲向东航行到东南亚、

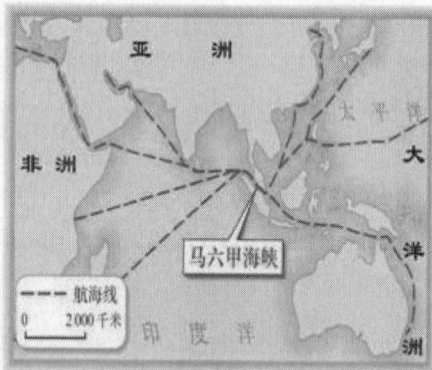

东亚各港最短航线的必经之地，是连接太平洋与印度洋的海上通道，新加坡则地处马六甲海峡的咽喉地带，扼守太平洋与印度洋通航的要道，是国际大洋航线的枢纽。

新加坡是亚洲最重要的金融、服务和航运中心之一，2011年新加坡有近518万人口，其中74.1%是华人，大部分华人来自中国福建、广东、海南、浙江等地。

新加坡属于热带雨林气候，全年高温多雨，但新加坡却是个缺水的城市。这是由于新加坡土地面积小，地势低平，河流短小，四周环海，陆地上储存淡水的条件差。同时新加坡人口密度大，经济发达，生活生产水量大，新加坡不得不向邻国马来西亚进口淡水资源。

八、里约热内卢

里约热内卢州位于巴西东南部，东南濒临大西洋，海岸线长636公里，是巴西第二大城，1960年以前为巴西首都。

布诺带你看世界

耶稣山

耶稣山是巴西名城里约热内卢最著名的标志，也是世界最闻名的纪念雕塑之一，2007年入选世界新七大奇迹。耶稣山上的耶稣像高38米，重200吨，面向碧波荡漾的大西洋，张开着的双臂从远处望去，就像一个巨大的十字架，显得庄重、威严。耶稣基督的身影与群山融为一体，一些云团不时飘浮在山峰之间，使耶稣像若隐若现，使她显得更加神秘圣洁。巨大的耶稣塑像建在耶稣山的顶端，无论白天还是夜晚，从市内的大部分地区都能看到。

狂欢节是巴西最大的节日，但最负盛名的当属里约热内卢的狂欢节，它是世界上最著名、最令人神往的盛会。盛会期间，全城上下倾

狂欢节

巢而出，人们不分肤色种族、贫富贵贱，都潮水般涌上街头，男女老少个个浓妆艳抹，狂歌劲舞，尽情宣泄。盛大的桑巴游行是狂欢节的高潮，大型彩车簇拥着"国王"和"王后"领先开路，身材喷火的拉丁女郎身着比基尼或上身全裸，与男舞者大跳热情奔放的桑巴，把气氛带动到最高点，让游客也情不自禁地加入狂欢的人群当中。艳丽的服饰、强劲的音乐、火辣辣的桑巴舞和风光旖旎的巴西美女，让人流连忘返。

轻轻地告诉你

关于里约的科帕卡巴纳海滩，有一个出处不详的故事。一个富人问躺在沙滩上晒太阳的流浪汉："这么好的天气，你为什么不出海打鱼？"流浪汉反问他："打鱼干嘛呢？"富人说："打了鱼才能挣钱呀。"流浪汉问："挣钱干嘛呢？"富人说："挣来钱你才可以买许多东西。"流浪汉又问："买来东西以后干嘛呢？"富人说："等你应有尽有时，就可以舒舒服服地躺在这里晒太阳啦！"流浪汉听了，懒洋洋地翻个身，说："我现在不是已经舒舒服服地躺在这里晒太阳了吗？"这也许是个笑话，但里约人的态度就是这样：悠闲，懒散，自得其乐。里约有一千多万人口，不同的肤色，不同的种族。在这里，极端贫穷和过度奢华肩并肩地存在着，贫民窟堂而皇之地盘踞在本该是富人聚集的半山腰上，身无分文的流浪汉与腰缠万贯的富翁并排躺在科帕卡巴纳海滩上分享海浪、阳光和沙滩。

科帕卡巴纳海滩

眼镜爷爷来揭秘

里约热内卢州位于巴西东南部，是巴西第二大城，仅次于圣保罗，东南濒临大西洋，海岸线长636公里。沿海地势较平坦，内陆多为丘陵和山地。1960年以前为巴西首都，风景优美，每年吸引大量游客到此观光，市境内的里约热内卢港是世界三大天然良港之一，而里约热内卢耶稣像也是世界新七大奇迹之一。

里约热内卢州不仅是巴西乃至南美的重要门户，同时也是巴西及南美经济最发达的地区之一，素以巴西重要交通枢纽和信息通讯、旅游、文化、金融和保险中心而闻名。工农业和服务业均甚发达，服务业占就业人口约37%和收入的一半。工业以钢铁、纺织、食品、印刷、石油化工为主；有石油、铝土、铁、煤、大理石等矿产；渔业和盐业兴盛；农业主产甘蔗、柑橘、香蕉、蔬菜、棉花、水果、稻，饲养牲畜。

里约热内卢是一个贫富对比鲜明的城市。尽管该市无疑属于世界主要大都市之一，650万居民中却有高达15%的人居住条件恶劣。穷人区中条件最差的贫民窟，拥挤在山坡上，在那里不容易建造牢固的建筑，遇到暴雨时经常发生事故。贫民窟地区还有毒品犯罪、团伙殴斗、警察暴力、缺乏卫生设施等各种社会问题。

第五章　旅游胜地

智慧导航

　　平时我们生活在大城市的高楼大厦里，我们往往忘记了这个世界上拥有许多让人无法言语的景色，秀美的青

峰碧波、斑驳的石子小路、古老的城墙、明艳的海边风
情……虽然不能身临其境，让我们看看以下地方，用眼睛
感悟美的世界。

一、加德满都

在古老的中国与印度之间，在连绵起伏的喜马拉雅山
脉南麓，有一个小国，名为尼泊尔。它的首都加德满都是
世界著名的旅游胜地。加德满都四周群山环抱，到处苍松
翠柏，阳光灿烂，四季如春，素有"山中天堂"之称。

布诺带你看世界

"山中天堂"加德满都

加德满都有1000多年的历史，它以精美的建筑艺术、木石雕刻而成为尼泊尔古代文明的象征。尼泊尔历代王朝在这里修建了为数众多的宫殿、庙宇、宝塔、殿堂、寺院等，在面积

加德满都的现代化建筑和古老建筑

不到7平方公里的市中心有佛塔、庙宇250多座，大小寺庙2700多座，有人把加德满都称为"寺庙之城"、"露天博物馆"。

杜巴广场是加德满都最有名的广场，多建于16世纪至19世纪，总共有约50座以上的寺庙和宫殿。

杜巴广场

巴德岗广场是巴克塔普尔最大的广场，被誉为"中世纪尼泊尔艺术的精华和宝库"。其中的金门和55窗宫是罕见的艺术珍品。

巴德岗广场

博德纳佛塔是世界上最大的园佛塔

加德满都街上的手工艺术品店铺

眼镜爷爷来揭秘

　　尼泊尔首都加德满都位于加德满都谷地，巴格马提河和比兴马提河的汇口处。该市四周环山，海拔1370米，属于热带季风气候。因坐落在喜马拉雅山南坡，这道天然屏障为城市遮挡来自北方的寒风，城市南面迎着印度洋的暖流，得天独厚的地理环境，使这里年平均温度为20℃左右，气候宜人，终年阳光灿烂，绿树葱郁，鲜花盛开。

二、黄石国家公园

黄石国家公园位于美国西部北落基山和中落基山之间的熔岩高原上，是世界上第一座国家公园，在黄石公园广博的天然森林中有世界上最大的间歇泉集中地带，全球一半以上的间歇泉都在这里，这些地热奇观是世界上最大的活火山存在的证据。

布诺带你看世界

黄石热点的具体表征就是地表的热气地带。不断有地下热水补充的称为热泉，不断喷发的称为喷泉，定时或不定时喷发的称为间歇泉，还有只冒气、不喷

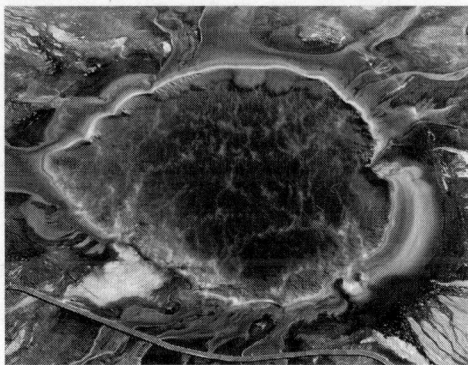

黄石色彩艳丽的热泉

发的，喷泥巴的，甚至每几百年来一次大爆炸的火山口。
这些水的温度都很高，而且含有丰富的硫化氢，因此吸引
了各式各样的细菌来这儿生活，这些细菌各有不同的鲜艳
色彩，将热气地带染得五彩缤纷，艳丽夺目。

 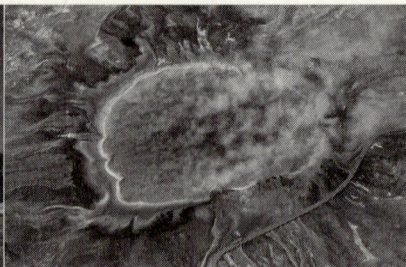

老忠实泉　　　　　　　　　　大棱镜泉

公园里的地热盆地主要集中在南部地区，其中最有名
的是老忠实泉和大棱镜泉。老忠实泉每隔30至120分钟就会
喷发一次，每次喷发维持约一分半钟至五分半钟不等，喷
发高度约五十多米。

秀美的黄石公园

黄石公园还被誉为"世界上最著名的野生动物庇护所"，这是全美仅存的一处仍有美洲野牛游荡的场所。熊是黄石的象征，它们可以大摇大摆地跑到公路上向游客索取食物。除此之外，黄石还有叉角羚、驼鹿、马鹿、白尾鹿、大角羊、郊狼、灰狼、水獭等等。

美洲野牛

水獭

黄石瀑布

黄石公园里最大的河流就是黄石河了，它在公园东部，源于南部的黄石湖，向北成为溪流，之后在黄石大峡谷处形成上黄石瀑布和下黄石瀑布。

眼镜爷爷来揭秘

黄石其实是一个巨大的火山口，这个活火山在人类历史上还没有爆发过，但在地质时代里曾经爆发过三次。

这个火山跟世界上大部分的火山都不一样，它并不在地壳上两块板块相交的地方。它是地幔里的一个热点。板块飘移的时候，热点并不移动，因此就好像热点在板块上挪动的感觉一样。黄石热

黄石火山石

点产生于俄勒冈州的东北角，经爱达荷州到今天怀俄明州西北角的位置，将来还要往蒙大拿州和北达科他州进发。热点经过的地方，形成一系列的死火山，这些火山过去喷发出来的熔岩，形成了今天的蛇河高原。

三、马尔代夫

马尔代夫共和国位于南亚，是印度洋上的一个岛国，面积300平方公里。马尔代夫是亚洲第二小国，也是世界最大的珊瑚岛国。

在马尔代夫的白色沙滩上打一把伞尽情地享受午后时光的慵懒

马尔代夫的海上房屋美丽又浪漫

在世界三大潜水圣地之一享受美丽的海底世界

在海底餐厅感受颜色艳丽的珊瑚礁和游来游去的海洋生物

眼镜爷爷来揭秘

马尔代夫是印度洋上的群岛国家，由26组自然环礁、1192个珊瑚岛组成，分成19个行政组，分布在9万平方公里的海域内，其中199个岛屿有人居住，991个荒岛，地势低平，平均海拔1.2米。位于赤道附近，具有明显的热带雨林气候特征，无四季之分。年降水量1900毫米，年平均气温28℃。

马尔代夫以其珊瑚礁和阳光沙滩成为世界著名的旅游胜地，然而由于全球变暖，科学家认为平均海拔不到一米的马尔代夫有被淹没的威胁。马尔代夫人有可能会背井离乡，生于1967年的原马尔代夫总统穆罕默德·纳希德一直为希望改变国家被淹没的命运奔走，甚至提出要到印度和澳大利亚买地，不排除举国搬迁的可能。

四、巴塞罗那

巴塞罗那位于伊比利亚半岛东北部，濒临地中海，是西班牙第二大城市。

布诺带你看世界

巴塞罗那的博物馆

巴塞罗那城是一座有2000多年历史的城市。市内有68所博物馆，有加泰罗尼亚艺术博物馆、毕加索博物馆、历

史博物馆、自然博
物馆等。

巴塞罗那市内
罗马城墙遗址、中
世纪的古老宫殿和
房屋与现代化建筑
交相辉映，不少街
道仍保留着石块铺
砌的古老路面，没
有哪个城市和巴塞
罗那那样和一个建
筑师密不可分，巴
塞罗那的众多地标

巴塞罗那的建筑风格

都是高迪设计的，并深深地影响了巴塞罗那的建筑风格，
曲线是其永恒的建筑主调。如神圣家族大教堂、巴特略公
寓、古埃尔公园等。

巴塞罗那小吃远近闻名，特别是到了晚上，当地居民
和游客都一边
慢悠悠地沿着
La Rambla大
街游荡，一边
用手指或者牙
签享受着这些

巴塞罗那的风味小吃

特色美味小吃。辣味番茄酱拌马铃薯、炸鱿鱼、凤尾鱼、炸火腿丸子、猪肉香肠，烤辣椒、奶酪、茄子，这些都是令人垂涎的非常有名的西班牙小吃。

巴塞罗那足球俱乐部

　　F.C.B巴萨是巴塞罗那足球俱乐部的缩写，它不仅在西班牙联赛中实力强劲，在全世界也是顶尖的球队之一。

眼镜爷爷来揭秘

　　"欧洲之花"巴塞罗那市位于西班牙东北部地中海沿岸，依山傍海，地势雄伟，是伊比利亚半岛的门户，属地中海式气候，夏季炎热干旱，冬季温和多雨，

巴塞罗那海边沙滩

一年四季都适合旅游。去巴塞罗那的最佳季节是夏天，可以充分地享受地中海的阳光，沙滩上日光浴的人群让人大开眼界。

五、科罗拉多峡谷

科罗拉多大峡谷位于美国西部亚利桑那州西北部的凯巴布高原上，大峡谷全长446公里，平均宽度16公里，最大深度1740米，总面积2724平方公里。

布诺带你看世界

科罗拉多峡谷

几乎每个游客第一次来科罗拉多大峡谷都会目瞪口呆，峭壁上的深渊深不可测，让人胆战心惊，不敢正眼注视。置身峡谷，人们只能从峡谷南缘或者北缘欣赏到大峡谷的一部分。

红色断层岩

在很多峰回路转的通幽曲径，可以看到怪石嶙峋的岩石

大峡谷两侧都是红色的巨岩断层，在灿烂的阳光下，岩石的颜色则因阳光的强弱而呈现深蓝色、棕色或者赤色，变幻无穷。

眼镜爷爷来揭秘

科罗拉多大峡谷

在亿万年前，这里曾是一片汪洋大海，在由板块活动引起的造山运动以及地壳隆起的共同作用下，沉积岩被抬高上千英尺，从而形成了科罗拉多高原。由于石质松软，经过数百万年湍急的科罗拉多河的侵蚀和冲刷，科罗拉多高原被切割成大峡谷。它并不是世界上最深的峡谷，但以其规模巨大而丰富多彩的地面景观而著称。它令世人瞩目也是它被列为世界自然遗产名录的最重要原因，还在于其地质学意义：保存完好并充分暴露的岩层，记录了北美大陆早期几乎全部地质历史。这里记录了550～250万年前古生代的岩石，在那之后要么没有沉积，要么已经风化了。

六、迪拜

迪拜位于阿拉伯半岛中部的阿拉伯湾南岸，与南亚次大陆隔海相望，是阿拉伯联合酋长国的最大的酋长国。

布诺带你看世界

20世纪60年代，迪拜还是一个沙漠与海洋组成的贫困地区，最优的生产方式是打捞海底珍珠。直到1966年，迪拜发现了石油。迪拜将石油的收入用于城市的现代化建设。迪拜人在人烟罕至的杰贝·阿里沙漠挖出了全世界面积最大的人工深水港——杰贝·阿里港，以此为依托，设立了自由贸易区，30年后，迪拜成为了中东国家的经济中心。

哈利法塔

投资超过70亿美元的哈利法塔，总高度828米，底层与顶层的温差可达10℃之多。塔主体由多个连为一体的以螺旋模式旋转上升的管状塔组成，直至碧空。

迪拜地球群岛

被称为世界第八大奇迹的迪拜地球群岛，又名世界群岛，是一系列形状为地球各大洲的人工岛屿，目前于迪拜海岸以外建造。曾有人说过，如果说迪拜人工棕榈岛是把迪拜放到了世界地图上的话，那么迪拜地球群岛则是把地图放到了迪拜上。

迪拜宏伟的建筑   七星级帆船酒店

迪拜拥有世界上第一家七星级帆船酒店，里面几乎所有的家具器物都镀上了22K或24K的黄金。这里还有全球最大的购物中心、世界最大的室内滑雪场等各种建筑奇迹，迪拜几乎成了奢华的代名词。伴随着众多产业庞大的建设开发，迪拜以其活跃的房地产、运动、会谈等这些近乎世界纪录的特色吸引了全世界的目光。迪拜给世人展示的是一个汇集世界财富和金融精英的贸易中心，展示的是一座奢侈华贵之都。

各种肤色的人聚集于迪拜

都说米兰、巴黎是世界时装之都，迪拜也绝对不比那些地方差。这么说的原因不是说迪拜的服装真正走到了世界潮流的前端，而是迪拜可以看到多种迥然不同的服装风格。首先最多的绝对是阿拉伯人清一色的大褂，从头遮到尾，尤其是女人，当地正宗的阿拉伯女人，把自己蒙得只剩下一双眼睛露在外面。其次在迪拜也可以看到很多的印度人和巴基斯坦人，那些印度人尤其喜欢把头包得像个粽子一样。此外就是中国人，中国的女人穿着旗袍。穿得最少的就是欧美人，1月是迪拜的冬天，可是那些欧美国家的女人仍然穿着吊带衫、热裤走在大街上。

眼镜爷爷来揭秘

迪拜市是阿拉伯联合酋长国最大的城市，面积3980平方公里，约占全国总面积的5%，人口226.2万人，为人口最多的酋长国。迪拜的经济实力在阿联酋也排第一位，迪拜与其他阿联酋的酋长国的不同之处在于石油只占GDP的6%，大多数收入来自杰贝阿里自由区，现在更多是旅游收入。阿联酋70%左右的非石油贸易集中在迪拜，所以习惯上迪拜被称为阿联酋的"贸易之都"，也是中东地区的经济和金融中心。这主要是因为：首先，迪拜位于阿联酋海岸线的中部，其位置具有非常重要的战略性和竞争性；其次，迪拜实行自由和稳定的经济政策，在各国之间以及国际工商界赢得良好的声誉，这就鼓励了本国资本和外国资本投资于商业、工业和服务业等各个经济领域；第三，迪拜通过建设完善的基础设施、提高政府服务效率和提供公共服务等措施，进一步加强了其在国际贸易中的战略地位。

七、威尼斯

威尼斯位于意大利东北部，是亚得里亚海威尼斯湾西北岸的重要港口城市。

布诺带你看世界

波光粼粼的水城

"威尼斯"本是"最宁静的处所"的意思。恬静的威尼斯是一座悬空的城市，大部分是建在打入到泻湖湖底的数百万计的木桩之上的。水是威尼斯的肌肤，而桥则是它的骨骼。蜿蜒的水巷、流动的清波充满了柔情。水道是威尼斯的马路，船是它唯一的交通工具，这里没有自行车没有汽车。全市由118个小岛、177条运河和401座各式各样的桥梁连接起来，有"水上都市"、"百岛之城"、"桥城"之称。

圣马可广场一直是威尼斯的政治、宗教和传统节日的公共活动中心。广场四周的建筑都是文艺复兴时期的精美建筑。拿破仑

圣马可广场

赞叹圣马可广场是"欧洲最美的客厅"和"世界上最美的广场"。

贡多拉

每年9月举行的贡多拉节，是最富特色的节日，那天人们身着华丽的服饰，乘着贡多拉，音乐在城市上空回荡。

威尼斯的面具

眼镜爷爷来揭秘

　　威尼斯每年的2、3月都有狂欢节，人们戴上面具、穿上华丽的复古服饰，可以恣意地狂欢。威尼斯的面具举世闻名，每当想起中世纪舞会宾客佩戴的假面具，都会引起人们对威尼斯的神秘向往。

　　威尼斯的历史相传开始于公元453年，当时这个地方的农民和渔民为逃避酷似刀兵的游牧民族，转而避往亚德里亚海中的这个小岛。肥沃的冲积土质、就地取材的石块，加上用邻近内陆的木头做的小船往来其间。在淤泥中，在水上，先人们建起了威尼斯。威尼斯10世纪开始发展，14世纪前后，这里已经发展成为意

大利最繁忙的港口城市，被誉为整个地中海最著名的集商业贸易旅游于一身的水上

水城威尼斯

都市。14～15世纪为威尼斯的全盛时期，成为意大利最强大和最富有的海上"共和国"、地中海贸易中心之一。16世纪始，随着哥伦布发现美洲大陆，威尼斯逐渐衰落。1797年，威尼斯屈从于拿破仑的统治，有着一千多年历史的威尼斯共和国从此灭亡。1849年反奥地利的独立战争取得胜利。直到1866年，威尼斯地区和意大利才实现统一，从此成为意大利的一个地区。现在威尼斯港是意大利最大的港口之一，港口长12公里，总面积达250公顷，伸展出去，宽阔广大，每年进出港门的船只在万艘以上。

八、伊斯坦布尔

伊斯坦布尔位于巴尔干半岛东端，博斯普鲁斯海峡南口西岸，旧称拜占庭。伊斯坦布尔是世界上唯一个地跨欧亚两洲的城市。

布诺带你看世界

博斯普鲁斯公路桥

湛蓝色的博斯
普鲁斯海峡从伊斯
坦布尔城中穿过,
将古城一分为二。
博斯普鲁斯公路桥
将伊斯坦布尔东部

伊斯坦布尔街景

的亚洲部分和西部的欧洲部分连接了起来。

历史悠久的古国名都伊斯坦布尔建于公元前668年，旧址是古希腊的城邦国——拜占庭，后来经过战争和重建，1453年奥斯曼土耳其人取得该城以后，不仅地理上横跨两洲，而

古国名都伊斯坦布尔

且还兼收并蓄欧、亚、非三洲各民族思想、文化、艺术之精粹，从而成为东西方思想文化的一个重要交汇点，留下许多源远流长的名胜古迹。

蓝色清真寺在奥斯曼帝国统治时期是最恢弘的清真寺建筑，其大圆顶直径27.5米，另外还有4个较小的圆顶，30个小圆顶，周围有六根尖塔，建造蓝色清真寺没有使用一根钉子，而且历经数次地震却未倒坍。260个小窗、两万

蓝色清真寺

多块蓝色瓷砖、地毯和阿拉伯书法艺术是该寺的重要看点。

圣索非亚大教堂

　　圣索非亚大教堂建于东罗马皇帝统治时期，作为世界上十大令人向往的教堂之一——圣索非亚大教堂恢弘无比，是东正教的中心教堂，圣索非亚大教堂内部的装饰，除了各种华丽精致的雕刻之外，也包括运用有色大理石镶成的马赛克拼图。

眼镜爷爷来揭秘

　　伊斯坦布尔是土耳其伊斯坦布尔省的首府，也是土耳其最大的城市和港口，工商业中心和主要的旅游胜地。

　　伊斯坦布尔之所以闻名于世，主要原因之一是其得天独厚的地理位置。在亚洲大陆最西端的黑海与地中海之间，有一条至关重要的"黄金水道"，它把亚洲和欧洲大陆分割开来，其中间部分是马尔马拉海，南端叫达达尼尔海峡，北端叫博斯普鲁斯海峡，总称黑海海峡。此"黄金水道"是黑海通向外界的咽喉要地，伊斯坦布尔就坐落在博斯普鲁斯海峡的南端。从这里出发向北从海上直达黑海沿岸各国；向南接着地中海，从海上可通欧、亚、非三个大陆；站在伊斯坦布尔的高处向西望去，欧洲大陆近在咫尺；向东虽有帕米尔高原阻隔，但2000年间丝绸之路上商贾不断往来。这种优越的地理位置，使其不仅成为洲际交通枢纽，而且成为兵家必争之地。

九、大堡礁

大堡礁位于南半球，纵贯于澳大利亚的东北沿海，北从托雷斯海峡，南到南回归线以南，绵延伸展共2011公里，是世界上最大最长的珊瑚礁群。

布诺带你看世界

大堡礁由400多种绚丽多彩的珊瑚组成，造型千姿百态，堡礁大部分没入水中，低潮时略露礁顶。从上空俯瞰，礁岛宛如一颗颗碧绿的翡翠，熠熠生辉，而若隐若现的礁顶如艳丽花朵，在碧波万顷的大海上怒放。色彩斑斓的珊瑚礁有红色的、粉色的、绿色的、紫色的、黄色的，它们千姿百态、奇特壮观……

绚丽多彩的珊瑚

珊瑚虫随着海水的频率翩翩起舞，美丽的鱼儿们亲吻着她们吃饱肚子

美丽的鱼群

　　大堡礁海域生活着大约1500种热带海洋鱼类，有泳姿优雅的蝴蝶鱼，有色彩华美的雀鲷，漂亮华丽的狮子鱼，好逸恶劳的印头鱼，脊部棘状突出并且释放毒液的石鱼，还有天使鱼、鹦鹉鱼等各种热带观赏鱼。珊瑚礁将泻湖包了个严实，这里风平浪静，是天然的避风港，各种鱼类、蟹类、海藻类、软体类，五彩缤纷、琳琅满目，透过清澈的海水，历历在目。

　　由于大堡礁地势险恶，因此周围建有大量的航标灯塔，有些已成为著名的历史遗址，而有的经过加固至今仍发挥着作用。这些航标灯塔在发挥导航作用的同时，也成为一道观赏的景观。

大堡礁上的航标灯塔

　　心形岛是大堡礁的一道奇特景观，也是在大堡礁我们必看的景点之一，在空中俯瞰，它是一个天然的心形，再加上大堡礁本身很好看的水色，景色更是美轮美

心形岛

奂。岛上的教堂是世界上最繁忙的教堂之一，很多人在这里求婚度蜜月。

眼镜爷爷来揭秘

大堡礁位于澳大利亚的昆士兰州以东，巴布亚湾与南回归线之间的热带海域，太平洋珊瑚海西部，绵延于澳大利亚东北海岸外的大陆架上。它形成于2500万年前，由三千个不同阶段的珊瑚礁、珊瑚岛、沙洲和泻湖组成，是世界最大的珊瑚群。珊瑚虫分泌的石灰质骨骼，连同藻类、贝壳等海洋生物残骸胶结在一起，堆积成了一个个珊瑚礁体。

大堡礁属于热带气候，无大风大浪，在不同的月份可以看到不同的水生珍稀动物。然而，专家们表示，我们能够留给后代的可能就只有这些令人叹为观止的图片，全球气候变暖将在短短20年时间内令大堡礁这一世界遗产荡然无存。

第六章　失落的足迹

智慧导航

　　这个世界到处充斥着流光溢彩，或许繁华的景象迷乱了我们的双眼，但是在世界的某些角落，仍有部分人食不

果腹，过着饥寒交迫的生活。现在就请随着本章的足迹，走进你所不知的失落的世界。

一、贫富差距悬殊

自第二次世界大战以来，世界经济在相对和平的年代得到了飞速的发展，但世界性贫富差距却越来越大。少数富翁富得可以敌国，多数穷人穷得难以生存；部分发达国家经济繁荣，一些不发达国家却贫困落后。贫富差距是当今世界比较突出的问题之一，让我们一起来关注它吧！

布诺带你看世界

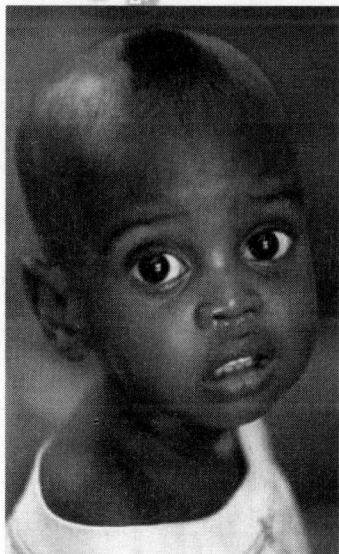

左图是2005年12月21日，在肯尼亚东北部靠近边境的曼德拉镇，一名营养不良的男孩坐在一所医院的病床上。曼德拉地区一直是肯尼亚最为贫困的地区之一，而近几年的旱情尤其严重，已经造成一些人畜死亡。

他们的渴望其实并不多，也许只是一块小小的饼干，也许只

捡拾垃圾吃的非洲儿童

是一个干瘪了的野果，也许只是一瓶解渴的水……和他们还在为温饱问题而忧愁相比，在世界一些富裕的地方，人们谈论的是买别墅、购轿车、打高尔夫球、去国外度假旅游……

下图是在委内瑞拉，和超高层公寓居民共用一个山坡

的孩子们在一家商店里跳舞。今天，地球上七分之一的人口生活在贫民区。为他们提供更好的住房和教育成为21世纪的巨大挑战之一。

小风铃探究

贫富差距不论在国家与国家之间还是一个国家内部都存在。越来越大的贫富差距会带来怎样的负面影响呢？

眼镜爷爷来揭秘

如果一个国家贫富差距过大，社会财富集中在少数人的手里，必将导致社会的不安定。大量贫困人口低下的生活条件会让他们失去劳动积极性，降低生产效率，使经济动力发展不足，从而使得国家失去凝聚力，威胁社会的长治久安。

当代世界经济发展的主要特征之一是财富越来越集中到少数人手里。世界上最富的20%的人群和最穷的20%的人群相比，1946年的收入差距是46倍，1990年是60倍，1997年是86倍。2000年比尔·盖茨的个人资产是1000亿美元，如果某个中国巨富发明一种赚钱绝招，一年赚一亿人民币，那么赶上比尔·盖茨需要八千到九千年！

世界银行专家对世界120个国家财富分配情况进行全面调查，结果表明，世界上最富裕的国家瑞士与最贫穷的国家埃塞俄比亚的人均财富相差甚远，瑞士人均648241美元，而世界上最贫穷的国家是埃塞俄比亚，人均只有1965美元，世界贫富差距继续拉大。

非洲是全球最贫困的大洲，特别是在撒哈拉以南的非洲，这里有50多个国家和地区，绝大部分是黑人，是世界上黑人的故乡。据联合国统计的资料，全球49个最不发达的国家，有29个在撒哈拉以南的非洲，全球最穷的10个国家，有8个来自于撒哈拉以南的非洲，因此撒哈拉以南的非洲有贫困的大陆之称。在目前经济全球化大潮的冲击下，这些国家与发达国家的经济差距在不断地拉大，它们被排除在世界经济发展进程之外。

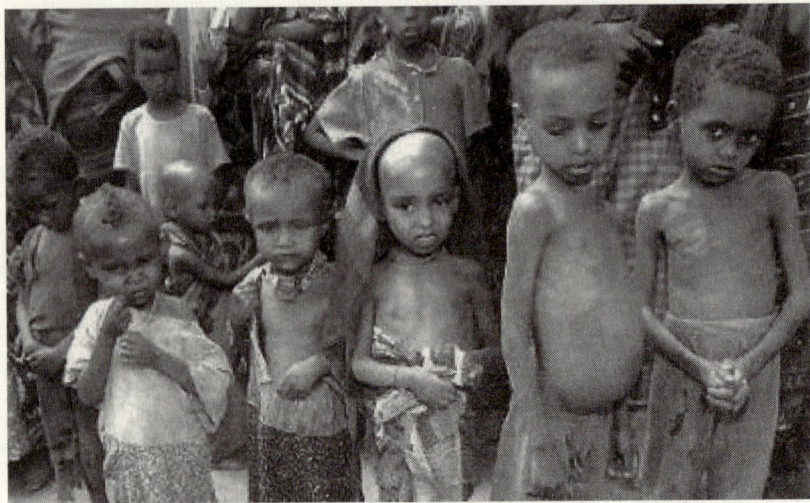

贫困的撒哈拉以南非洲的孩子们

智慧卡片

经济学家们通常用基尼指数来表现一个国家和地区的财富分配状况。这个指数在零和一之间，数值越低，表明财富在社会成员之间的分配越均匀；反之亦然。联合国有关组织规定：一个社会的基尼指数若低于0.2表示收入绝对平均；通常把0.4作为收入分配差距的"警戒线"。

改革开放以来，我国在经济增长的同时，贫富差距逐步拉大，综合各类居民收入来看，基尼系数越过警戒线已是不争的事实。我国基尼系数已跨过0.4，达到了0.46。中国社会的贫富差

繁华的都市

一个小女孩正在和爷爷在简陋的房屋里烧开水

距已经突破了合理的限度，总人口中20%的最低收入人口占收入的份额仅为4.7%，而总人口中20%的最高收入人口占总收入的份额高达50%。

二、局部战争不断

翻开人类的历史，总是伴随着战争、杀戮、血腥。有人做过统计，如果将人类史算作24小时的话，其中23小时57分钟都在不断的战争中。第二次世界大战以来，虽然和平与发展是主流，但世界局部战争仍然不断。在战争的国度里，有很多人被迫流离失所，有很多人失去至亲的人，有很多人没有完整的身体……本节我们以中东地区的战乱为例，来看看战争给人类带来的痛！

布诺带你看世界

第一次中东战争：

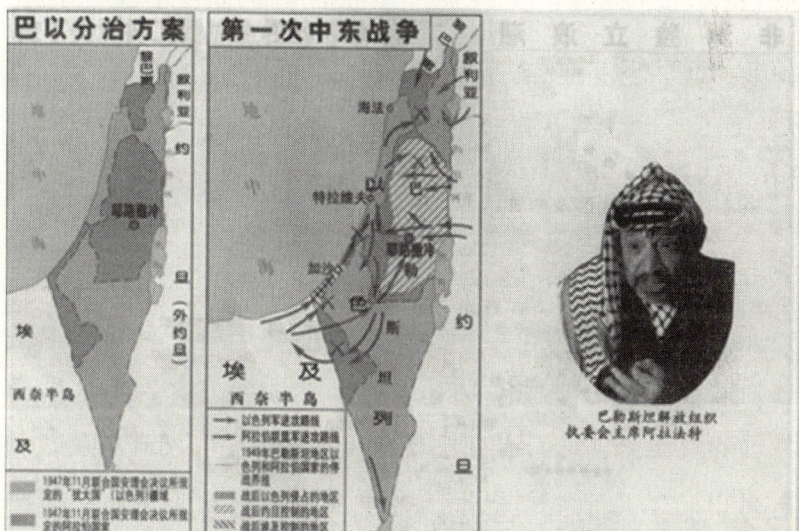

巴勒斯坦解放组织
执委会主席阿拉法特

  由于巴勒斯坦土地极度不公平的分割，导致阿拉伯国家与以色列交战，1948年，为争夺巴勒斯坦，以色列和阿拉伯国家之间发生战争，称为第一次中东战争。

  第二次中东战争：1956年，由于埃及收回苏伊士运河公司后禁止以色列船只通过运河与蒂朗海峡，英法为夺得苏伊士运河的控制权，与以色列联合，对埃及发动了突然

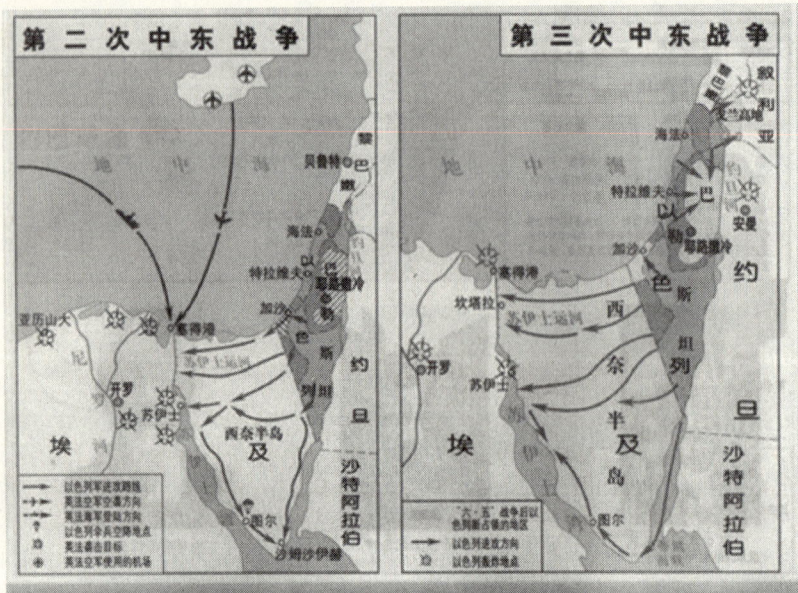

袭击，并最终获胜。

第三次中东战争：巴勒斯坦解放组织成立后，成为以色列的心腹之患。为了削弱阿拉伯联盟的力量，消灭巴勒斯坦解放组织，进而占领巴勒斯坦，1967年6月5日早晨，以色列出动了几乎全部空军，对埃及、叙利亚和伊拉克等阿拉伯国家进行了闪电式的袭击，最后以色列获胜。

第四次中东战争：埃及和叙利亚企图收复失地，对以色列发动进攻，阿拉伯国家先胜后败。

第五次中东战争：由于巴勒斯坦解放组织进入黎巴嫩从事抵抗占领活动，同时以色列为了在黎巴嫩扶植一个亲以色列的基督教政权，进而悍然入侵黎巴嫩。

智慧卡片

巴勒斯坦位于亚洲西部地中海沿岸，古称迦南，包括现在的以色列、加沙、约旦河西岸和约旦。历史上，犹太人和阿拉伯人都曾在此居住过。此后巴勒斯坦又先后被亚述人、巴比伦人、波斯人及罗马人占领和统治。经过三次大起义后，犹太人几乎全部离开巴勒斯坦，从而结束了犹太民族主体在巴勒斯坦生存的历史。公元7世纪，阿拉伯人在战胜罗马帝国接管巴勒斯坦后不断迁入，并与当地土著人同化，逐渐形成了现代的巴勒斯坦阿拉伯人。

19世纪末，犹太复国主义运动在世界各地兴起，各地的犹太人大批移入巴勒斯坦。第一次世界大战期间，巴勒斯坦沦为英国的"委任统治地"。英国将其分为两部分：即以约旦河为界把巴勒斯坦分为东西两部分，东部称外约旦，西部仍称巴勒斯坦。此后，世界各地犹太人开始陆续移居巴勒斯坦地区。在犹太人纷纷涌入巴勒斯坦的过程中，犹太人与当地的巴勒斯坦阿拉伯人发生过多次流血冲突。

1947年11月，联合国通过联合国第181号巴勒斯坦分治决议。决议规定，在2.7万平方公里的巴勒斯坦领土上建立犹太国和阿拉伯国，耶路撒冷国际化。1948年5月14日，以色列国宣告成立。由于这项决议对土地的分割极为不公平，遭到巴勒斯坦以及阿拉伯方面的强烈反对。

然而事实上，犹太人占领巴勒斯坦的理由是犹太人的祖先在巴勒斯坦生活过，可这不是犹太人拥有巴勒斯坦的理由，因为他们数千年前就不是巴勒斯坦的主体民族了，而阿拉伯人在巴勒斯坦生活了几千年。沙特国王曾经这样说："我们同情犹太人，可是他们建国要在我们的土地上割让领土？历史上谁在迫害犹太人？穆斯林吗？既然德国人杀害犹太人就在德国划出一块土地给他们好了，为什么要损害与犹太人的苦难毫无干系的巴勒斯坦人民的利益？"

"中东地区"是指地中海东部与南部区域，从地中海东部

中东地区的国家

到波斯湾的大片地区，传统上的"中东"一般说来包括巴林、埃及、伊朗、伊拉克、以色列、约旦、科威特、黎巴嫩、阿曼、卡塔尔、沙特、叙利亚、阿联酋和也门、巴勒斯坦、塞浦路斯、土耳其等亚洲国家。

海湾战争

1990年8月2日，伊拉克军队入侵科威特，推翻科威特政府并宣布吞并科威特。以美国为首的多国部队在取得联合国授权后，于1991年1月16日开始对科威特和伊拉克境内的伊拉克军队发动军事进攻，震惊世界的海湾战争爆发，主要战斗包括历时42天的空袭，在伊拉克、科威特和沙特阿拉伯边境地带展开的历时100小时的陆战。多国部队以较小的代价取得决定性胜利，重创伊拉克军队。伊拉克最终接受联合国660号决议，并从科威特撤军。

　　2003年3月，美国和伊拉克之间爆发了新一轮战争。中东的战争从未停止过，它给人民带来了什么？流离失所，妻离子散……

战争带来的灾难

小风铃探究

为什么中东地区总是战争不断呢？

眼镜爷爷来揭秘

1. 特殊的地理位置

　　中东地区是两洋三州五海之地，即印度洋和大西洋，欧洲、亚洲和非洲，地中海、黑海、里海、阿拉伯海和红海的十字口的位置，是重要的地理战略位置。

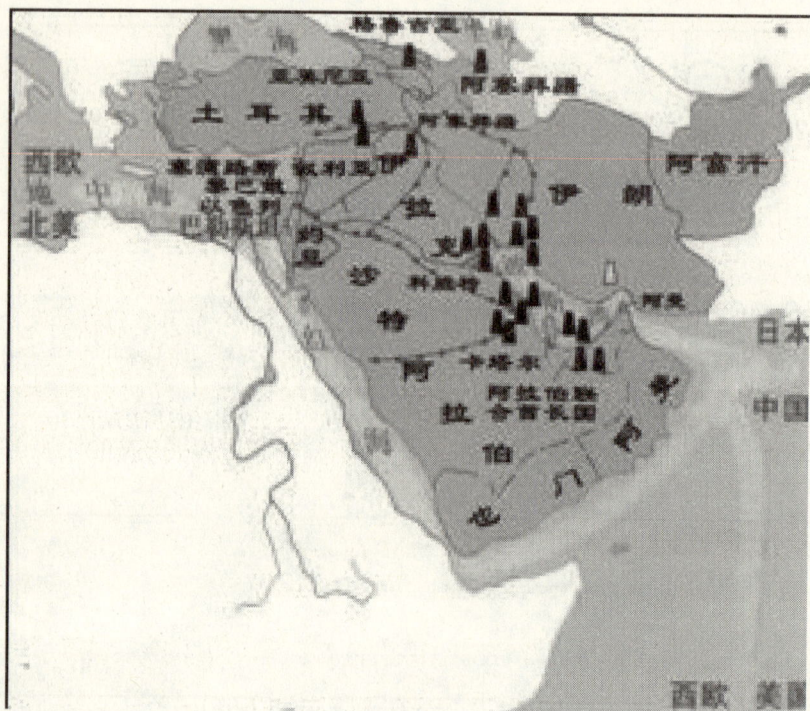

中东国家地图

2. 重要的石油资源

中东是目前世界上石油储量最大，生产和输出石油最多的地区，中东石油主要分布在波斯湾及沿岸地区，所产石油绝大部分由波斯湾沿岸港口用油轮运往西欧、美国、日本等发达国家和地区，对世界经济发展具有重要影响。中东主要的产油国家，如沙特阿拉伯、科威特、阿拉伯联合酋长国等，从出口石油中赚了很多的钱，成为富裕国家。

3. 无比稀缺的水资源

中东地区大部分属于热带沙漠气候，沙漠面积广大，阿拉伯半岛上甚至没有成规模的河流。 阿以之间爆发的5次中东战争几

干旱的中东沙漠

乎都与水资源密切相关。

4. 宗教冲突

中东地区是基督教、伊斯兰教、犹太教的发源地，现在又是基督教和伊斯兰教的交界处，三大宗教历史恩怨很难说清楚。中东包括22个阿拉伯国家和5个非阿拉伯国家，其中除以色列、塞浦路斯外都是伊斯兰国家。

中东地区一直是全球的一个火药桶，战火不断，各国人民饱受战争之苦。近期的政治动荡可能加剧地区局势恶化，让和平可望而不可即。

三、人口爆炸

根据联合国人口基金会的估计，全球人口已于2011年10月31日达到70亿。对地球来说，70亿已经是一个很庞大的数量，这意味着需要更多食物，更多能源，更多就业和受教育的机会……

布诺带你看世界

加尔各答拥挤的人潮

　　在印度的加尔各答活跃着约1600万人口，每天还有更多的人从小地方蜂拥而至。如今世界已经出现了21个这样的

多孩子的家庭

大城市，而且大都在发展中国家。

在肯尼亚内罗比贫民区，每天挣3美元的单身母亲玛丽·万扎在为十个孩子熬粥，其中有她的孩子、其他人的孙子女和孤儿。万扎现年41岁，一共生了7个孩子，15岁生了第一个。

百岁老人

在意大利的撒丁岛，一位老太太从前窗观看经过她家的耶稣受难日纪念游行队伍。在撒丁岛的百岁老人所占比率为

平南农民在收割水稻

世界最高。最近，岛上百岁以上老人人数达到187人。

在中国的云南省，利用了每寸肥沃土地的农民在山上收割水稻。高产的种子和充足的肥料使中国能够在不到地球10%的可耕土地上养活13.7亿人口。

小风铃探究

人口过多会带来哪些负面影响呢？

眼镜爷爷来揭秘

人口过多带来的问题：

1. 资源遭到破坏，环境恶化。

2. 造成许多社会问题。

土地荒漠化　　　　　　　　耕地减少

水资源短缺

水资源污染

交通拥堵

居住条件差

就业压力

饥饿贫困

智慧卡片

1804年世界人口只有10亿，1927年增长到20亿，1960年达到30亿，1975年达到40亿，1987年上升到50亿，1999年10月12日，世界人口达到60亿。2011年10月31日凌晨前2分钟，作为全球第70亿名人口象征性成员的丹妮卡·卡马乔在菲律宾降生。人类每增长10亿人口的年限越来越短，人口增长的速度不断上升。据科学家的分析，到2080年世界人口将达到顶峰，为106亿，在此后将逐渐下降，到21世纪末降至103.5亿。

四、资源短缺

人类的发展离不开自然资源，随着人口的增多和人民生活水平的提高，人类对资源的需求越来越高，而并不是所有的资源都是用之不竭的。目前，全球已经陆续出现了能源危机、水危机、矿产资源危机……

布诺带你看世界

水是生命的基本要素，多少世纪以来，人们普遍认为

水资源短缺

水资源是大自然赋予人类的，取之不尽，用之不竭，因此

土地资源短缺

不加爱惜，肆意浪费。但近年来越来越多的人警觉到，水资源并不像想象中的那么丰富，很多地区出现的水荒已经造成了对经济发展的限制和人们生活的影响。

进入21世纪，人口不断增多，工业化和城镇化进程加快，导致人均耕地进一步减少。世界银行的一项统计数据显示，全球人均可耕地已从1961年的1.45公顷降至2007年的0.74公顷，减少到了46年前的1/2。土地是人类赖以生存的空间，耕地是关系到解决人类吃饭的问题，是最基础的生存需求，保护耕地迫在眉睫。

森林资源不断减少

据联合国粮农组织报告，近半个世纪里，全球森林已损失了一半。近三十年来，发达国家对全球的热带林进行了大规模的开发。欧洲国家进入非洲，美国进入中南美洲，日本进入东南亚，大量砍伐热带林，他们进口的热带木材增长了十几倍。到2000年，森林面积占陆地面积降至16%，按此速度，170年以后，全球森林将消失殆尽。

石油危机容易引发世界经济危机

　　煤、石油和天然气均是目前全球经济发展的基础能源，但都是不可再生的化石燃料。全世界目前已探明的剩余可开采储量有限，石油尚可开采40年，煤炭可开采200多年，天然气可开采40年。由于人口增长和发展中国家能耗的需求，世界平均能耗强度仍在继续上升，能源危机越来越影响着世界经济的发展。

小风铃探究

　　我们身边哪些是属于自然资源呢？

眼镜爷爷来揭秘

开挖煤矿

海上石油平台设施

　　我们将大自然中对人类有利用价值的物质和能量称为自然资源。其中那些在较短时间内可以再生，或是可以循环使用的资源，如水资源、生物资源、土地资源为可再生资源，而那些在人

茂密的森林

肥沃的土地

类历史时期，用完了就不能再生产的资源，如矿产资源、核能、石油为不可再生资源。

当人类对自然资源的获取速度，超过了自然资源的补给、再生和增殖速度就会出现自然资源短缺的问题，而随着人口的不断增长和人类需求的无节制，自然资源的短缺问题越来越突出。

智慧卡片

保护自然资源，从我们的身边做起：

尽量少用一次性筷子，节约用纸废纸回收；

随手关紧水龙头，用洗衣服的水冲厕所；

使用节能灯具，离开房间谨记关空调；

拒绝食用野生动物……

五、环境问题

由于人类活动的不合理使得周围的环境质量下降，从而对人类的生产、生活和健康造成了影响。环境问题包括环境污染和生态破坏，如水污染、大气污染、噪声污染、放射性污染、水土流失、土地荒漠化、土壤盐碱化、生物多样性减少等。

随着经济的发展，不仅发生了局部性的环境污染和生态破坏，而且出现了很多全球性环境问题。

布诺带你看世界

固体废弃物污染

放射性污染

固体废弃物污染

放射性污染

水土流失

土地荒漠化

小风铃探究

有哪些全球性环境问题呢？它们有什么危害？

眼镜爷爷来揭秘

受海洋石油污染的企鹅

　　近几十年，随着世界工业的发展，海洋的污染也日趋加重。由于沿海大陆密集的人口和工业，大量的废水和固体废物倾入海

鸟儿无法适应巨变的环境

水，对世界上的海洋的生态平衡构成危害。目前，海洋污染突出表现为石油污染、赤潮、有毒物质累积、塑料污染和核污染等几个方面。

20世纪末，全球有100多万种生物灭绝。联合国环境计划署预测，在今后二三十年内，地球上将有1/4的生物物种陷入绝境；到2050年，约有半数动植物将从地球上消失。这就是说，每天有50～150种、每小时有2～6种生物离我们悄然而去。地球上充满了形形色色的生物，科学家把这称为"生物的多样性"。生物多样性的减少是人类不合理活动使环境恶化的结果。

酸雨主要是人为地向大气中排放大量酸性物质造成的，如煤、石油和天然气等化石燃料燃烧，各种机动车排放的尾气也是形成酸雨的重要原因。酸雨被称为"空中死神"，危害很广泛。

受酸雨腐蚀的佛像

酸雨会使鱼类死亡，使有毒金属溶解到水中，影响人类健康；酸雨使土地贫瘠化，同时损害新生的叶芽，导致森林生态系统的退化；酸雨通过食物链使汞、铅等重金属进入人体，诱发癌症和老年痴呆，长期生活在含酸沉降物的环境中，诱使产生过多氧化脂，导致动脉硬化、心梗等疾病概率增加；酸雨还会造成建筑物、机械和市政设施的腐蚀。世界上酸雨最严重的地区主要是工业发达的欧洲和北美，中国也是多酸雨地区。

人们焚烧化石矿物或砍伐森林并将其焚烧时，会产生二氧化碳等多种温室气体，由于这些温室气体对来自太阳辐射的可见光具有高度的透过性，而对地球反射出来的长波辐射具有高度的吸收性，也就是常说的"温室效应"，导致全球气候变暖。近100

海平面上升

多年来，全球平均气温经历了冷→暖→冷→暖两次波动，总的看为上升趋势。进入八十年代后，全球气温明显上升。全球变暖的后果，会使全球降水量重新分配，冰川和冻土消融，海平面上升等，既危害自然生态系统的平衡，更威胁人类的食物供应和居住环境。

露一手

保护环境人人有责，说说你身边保护环境的小事。

图书在版编目（CIP）数据

世界漫游 / 文沫，赖童玲主编；邱玉玲编. -- 南昌 ：百花洲文艺出版社，
2012.12

（地理大千世界丛书 / 叶滢主编）

ISBN 978-7-5500-0468-9

Ⅰ．①世… Ⅱ．①文… ②赖… ③邱… Ⅲ．①名胜古迹－世界－青年读物
②名胜古迹－世界－少年读物 Ⅳ．①K917-49

中国版本图书馆CIP数据核字(2012)第295254号

世界漫游

策　　划　　宝骏　建华

主　　编　　叶滢

本册主编　　文沫　赖童玲

出版人　　姚雪雪

责任编辑　　余茾　王俊琴

特约编辑　　万仁荣

美术编辑　　彭威

制　　作　　周璐敏

出版发行　　百花洲文艺出版社

社　　址　　南昌市阳明路310号

邮　　编　　330008

经　　销　　全国新华书店

印　　刷　　江西千叶彩印有限公司

开　　本　　787mm×1092mm　1/16　　印张　11

版　　次　　2013年1月第1版第1次印刷

字　　数　　120千字

书　　号　　ISBN 978-7-5500-0468-9

定　　价　　18.70元

赣版权登字 05-2012-155

版权所有，侵权必究

邮购联系　　0791-86894736

网　　址　　http://www.bhzwy.com

图书若有印装错误，影响阅读，可向承印厂联系调换。